LOS HOMBRES SÓLO PENSAMOS EN SEXO

Supera la obsesión y encuentra la ruta del amor

Claudio Alvarez-Dunn

Primera revisión de cuentos:
Gizelle Borrero

Corrección final:
Pedro Marbán

Diseño y montaje:
Luis Montes Suarez

Créditos de Fotos:
Fotolia.com • Shutterstock.com

Foto de Portada:
© Lev Dolgatsjov

Impreso en Puerto Rico.
Model Offset Printing
Humacao, P.R.

Fotos Portadillas:

Capítulo 1	© Jane Doe	(Página 9)
Capítulo 2	© Krzysztof Wiktor	(Página 33)
Capítulo 3	© fourb	(Página 55)
Capítulo 4	© Tomasz Trojanowski	(Página 69)
Capítulo 5	© Dusaleev Viatcheslav	(Página 89)
Capítulo 6	© olly	(Página 107)
Capítulo 7	© Dmitry Kuzik	(Página 129)
Capítulo 8	© photoCD	(Página 147)
Capítulo 9	© Coka	(Página 165)
Capítulo 10	© Algol	(Página 185)
Capítulo 11	© drubig-photo	(Página 201)
Capítulo 12	© Bairachnyi Dmitry	(Página 217)

Dedico este libro a todas las mujeres que he conocido en esta vida pues cada una de ellas fue una lección para mí, especialmente aquellas con quienes compartí el divino instante de entregarnos el calor de nuestras almas y con las que aprendí los mejores secretos, muchas veces entre modestas sábanas.

A mi esposa María Luisa, que trajo serenidad y luz a mi vida y a base de amor desmoronó las defensas de mi viejo ego.

A mis hijos, porque son los ofrendas que la vida me ha dejado como regalo a mis sublimes enamoramientos.

A María Antonia, por su bondad y su gracia; por concebir a mi primer hijo Alejandro y abrirme las puertas a un mundo mejor.

A Patricia, porque a pesar de las horas perdidas destilando nuestro veneno frente a un Tribunal, fue vehículo luminoso de vida para mi hijo Gianfranco.

En síntesis, como canta Julio Iglesias:
"To all the girls I loved before"... y,
como Frank Sinatra, yo diría: "A mi manera".

El autor está disponible para conferencias,
seminarios y talleres.
Para comentarios o sugerencias escribir a:
claudio.alvarez.dunn@gmail.com

Introducción

Al comenzar a escribir este libro sólo buscaba exorcizar mis demonios internos, herrumbrados luego de tantos años de trabajo como periodista de diarios. Mientras escribía y describía mis asuntos pendientes afloraron muchas cuitas adolescentes y comprendí que el denominador común de los relatos era mi propia sexualidad.

Por esos días había comenzado a andar el camino de la yoga para poder lidiar con el estrés que produce hacer un periódico todos los días.

Mi maestra, Shanti Ragyi, siempre bien conectada con las fuerzas no terrenales me tasó desde la primera clase. "Lee a Osho, te va a encantar", sentenció como buena discípula del gurú y también seguidora de las enseñanzas de Serge Raynaud de la Ferrière.

Leí varias obras hasta que fui dándome cuenta que más allá de toda su iluminación, el maestro será recordado como "el gurú del sexo".

Según Osho: "la Iluminación es el último objetivo y el sexo es sólo el primer paso. Aquellos que rechacen este primer paso, nunca progresarán".

También el maestro con esa dulce lógica que desarma nuestros pensamientos y desafía nuestros miedos, manifiesta una frase que le dio sentido a mi obra: "cuando tengas una obsesión, sumérgete en ella, enfréntate a ella para conocerla, desmenuzarla y al final con sólo entenderla desaparecerá".

Así fue que quedé cara a cara con mi propia obsesión por el sexo.

Por casi un año escribí diariamente lo que mi mente había escondido por los pasados 45 años (lo hice siguiendo las recomendaciones de Julia Cameron en su libro "El camino del artista").

Una a una levanté las lápidas de mis mejores y peores recuerdos. Con el paso de los días me hallé relatando experiencias y fantasías de las mil y una formas erróneas en que me acerqué a la sexualidad, ya que fui un temprano transgresor para llegar a todas las camas que me propuse.

En el 2003 edité mi primer manuscrito con los 10 mejores cuentos de los 60 que tenía en una gaveta. No obstante, allí quedaron todos guardados por mucho tiempo, paralizados por el miedo a lo que pensarían los demás después de leer esos cuentos que oscilaban de lo autobiográfico a la autoficción.

En octubre de 2008 le presenté el manuscrito a Gizelle Borrero, editora de libros, compañera de mis clases de yoga, madre amantísima de cinco hijas y luchadora incansable por guiarlas en el camino de la luz.

Una semana después de leerlo me hizo una sola pregunta: ¿Cuál es tu intención con todo esto? No encontré una respuesta inmediata y me fui con la promesa de escribir al respecto.

Recién entonces descubrí que intentaba contribuir a que nuestros jóvenes no cometan esos mismos errores que yo cometí, por lo que a lo mejor podía ilustrarlos sobre los peligros de una sexualidad descontrolada.

Gizelle, a través de su editorial "Divinas letras" (literatura para sanar), se transformó a partir de ese momento en mi guía para lograrlo.

Cada semana, después de nuestra clase de yoga de los martes a las 7:00 de la mañana me devolvía un capítulo del manuscrito totalmente escrito en rojo, donde lo explícito y vulgar debía ser eliminado; el erotismo debía de ser trocado por poesía y la intención tenía que ser algo más que manifiesta, debía ser verbalizada, es decir escrita.

Ella me enseñó a buscar luz detrás de cada palabra, a perdonar y a perdonarme. Los comentarios al final de cada capítulo también son parte de sus "recomendaciones".

Un año después del comienzo de esta aventura mutua, veo que la intención de ayudar a otros hombres y mujeres en la búsqueda de su propia sexualidad está mejor plasmada en estos cuentos.

Añado a esta introducción algunos pensamientos que le atribuyen a Osho que, desde luego, comparto con el maestro:

"Todo mi esfuerzo aquí es lograr que te aburras con el sexo. Porque solamente si te aburres del sexo puedes interesarte en Dios. Nunca de otra manera.

"Una persona reprimida, nunca perderá el interés por el sexo, por eso estoy contra la represión. Te sorprenderás, pero esa es mi lógica, esa es mi matemática.

"Una persona reprimida permanece interesada en el sexo, se obsesiona con el sexo. Por eso digo: Ten todo el sexo que puedas y pronto habrás terminado con él".

Entonces, ¿qué hay que hacer?, preguntó un discípulo

"Conocer el sexo. Muévete en él conscientemente. Este es el secreto para empezar a abrir una nueva puerta", replicó el maestro.

Personalmente, creo que ha llegado la hora de superar la dualidad mental que el sexo supone. Espero que estas palabras que siguen aporten un grano de arena para sortear los problemas que causa el desconocimiento de nuestro propio cuerpo y abran un espacio a la reflexión, además de contribuir a acercarnos a algo tan hipócritamente oculto por las sociedades dominantes, como es conocer, educarnos y reírnos de nuestra propia sexualidad.

Ya es tiempo de conectar la energía sexual a través del corazón. De cómo me he equivocado en el proceso y de cómo podemos crear amor con el corazón y el alma, siempre a través de la expresión de la verdad, es la intención de este libro.

Debut por un puñado de pesos

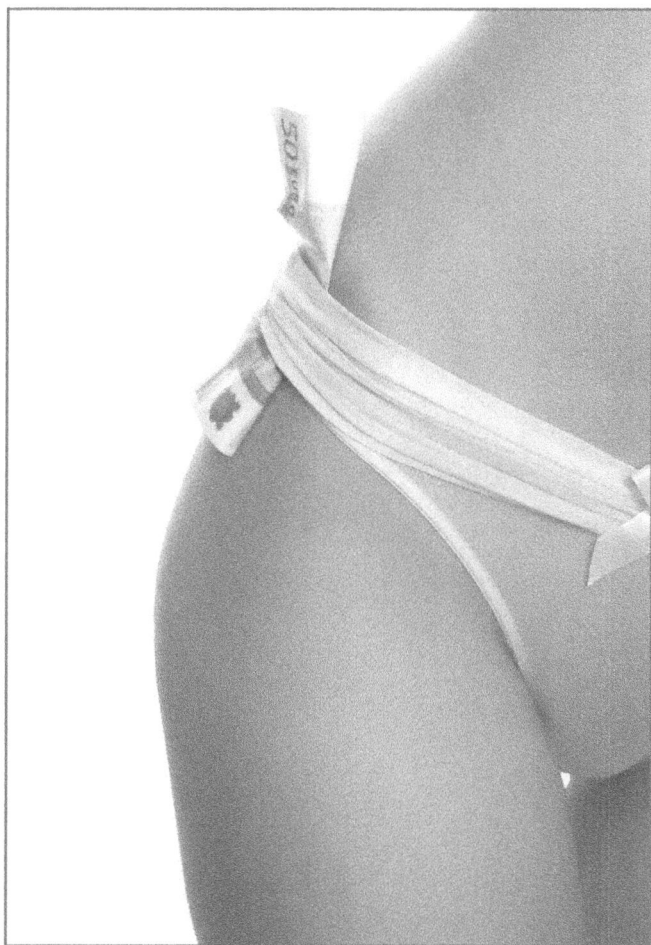

Capítulo Uno

mi mayor preocupación esa semana era que estaba por cumplir los 13 años y aún era virgen.

Eso sí, me masturbaba seguido y con plena conciencia de mis actos, pero los días previos a un partido de fútbol no lo hacía, pues quedaba muy cansado y temía estar muy débil para mi compromiso deportivo. Esa semana, sobre todo, debía cuidarme pues mi equipo había llegado hasta la final del campeonato regional de balompié, por lo que no podía caer en la tentación onanística; tenía que estar concentrado para el partido.

A pesar de mis 12 años, jugaba como titular indiscutible en el equipo de fútbol juvenil del barrio en mi natal Rosario, Argentina, que estaba integrado por chicos de hasta 15 años. Era un arquero consumado (portero, como le dicen en Castilla). Los curas del colegio La Salle dejaban a sus alumnos hacer mucho ejercicio en las clases de gimnasia para así combatir sus "vicios menores". El cura Bernardo, un gigantón irlandés, me había iniciado en el rugby en la ciudad deportiva del colegio, pero en mi barrio de Pichincha, jugaba fútbol con los más bravos.

El cura nos había sorprendido ese otoño de 1968 al presentarse en el salón desplegando una muñeca inflable. Llegó un lunes a la primera clase de religión y preguntó a boca de jarro: "¿Quién no se ha masturbado este fin de semana?".

Ninguna de las 35 almas que poblábamos ese salón del primer año de la escuela secundaria se animó a levantar la mano.

"Eso está bien", añadió el cura con voz grave, "pero recuerden que más de una paja por día les puede hacer daño", sentenció ante varias caras de sonrojo incriminatorio.

"Esto es una muñeca de plástico, como las que usan los soldados en Vietnam", siguió el hermano Bernardo. "El deseo sexual es propio de todo ser humano, en especial de los hombres", siguió ante el asombro de la clase mientras terminaba de inflar la muñeca.

"Los soldados no tienen mujeres en la mitad de la selva y les envían esto para que se satisfagan; vengan a verla", dijo mientras terminaba de soplar y la depositaba sobre un escritorio para que los alumnos hiciéramos una autopsia visual.

Esa boca de plástico permanentemente abierta me pareció patética, pero pensé que era una manera práctica de resolver las necesidades corporales, justifiqué el asunto mientras recordaba mi afición onanística en el baño de casa.

El hermano Bernardo (los curas de La Salle no eran padres ni sacerdotes, sino hermanos; no daban misa ni tocaban la hostia ni compartían otros delirios católicos por el estilo) siguió con detalles de cómo masturbarse de manera "saludable". Aconsejó, por ejemplo, mover todo el cuerpo en lugar de sólo la mano, "una paja al día –diagnosticó- hasta los 15 años está bien, luego vienen las relaciones sexuales y hay que usar preservativos"; también advirtió sobre lo bueno que es usar lubricante y destapó allí mismo, frente a esas almas absortas, otras etcéteras muy vanguardistas para esa época donde comenzaban a resonar los ecos de las protestas estudiantiles en París.

Ese mes, yo había suspendido temporalmente toda masturbación. Tenía que jugar la final del torneo regional contra "Morning Star"; uno de los equipos históricos en la categoría juvenil y cantera de la cual salían importantes prospectos futbolísticos que alimentaban las divisiones inferiores de Newell´s Old Boys y Rosario Central, los clubes profesionales de la ciudad.

Mi equipo era una banda de rejuntados de Pichincha, ese barrio marginal que tenía el corazón gigante de los humildes. Habíamos ganado varios partidos importantes en el camino y estábamos a punto de lograr la proeza de lograr por primera vez el título de campeones en la categoría juvenil. Representábamos a un modesto club: "Unión y Gloria", pero detrás de nosotros estaba el apoyo y el orgullo de toda una comunidad. El club era sólo una sede social de dos pisos en la entonces avenida Salta, casi esquina Ricchieri, en la pretenciosa mole de cemento que era la creciente ciudad argentina de Rosario.

Los adolescentes integrantes del equipo éramos en realidad representantes de los diferentes estratos sociales que componían esa atmósfera urbana donde alguna vez se concentraron los prostíbulos y casinos clandestinos más famosos del interior argentino, donde polacas, francesas y criollas ofrecían sus carnes al mejor postor.

Para aquel entonces, el barrio agonizaba luego que las mentes progresistas y/o católicas cerraran la mayoría de los famosos tugurios. Hasta le habían cambiado el nombre a la calle Pichincha (ahora Ricchieri) en un intento por borrar ese pasado estigmatizado de prostitución y mafia.

La mitad de mi equipo estudiaba y la otra mitad ya se ganaba el pan en las calles. Yo era uno de los pocos que asistía a un colegio privado, pero no por eso dejaba de ser diferente a mis colegas, a pesar de las súplicas de mi padre porque hiciera deportes con "gente de su clase" en el country del Jockey Club de Rosario.

Ese fin de semana el equipo juvenil de Unión y Gloria ganó el trofeo luego de jugar un partido increíble que terminó en tiempo extra tras una final no apta para cardíacos. Yo atajé como nunca y tapé hasta mi sombra; cuidé mi área como jamás lo había soñado, junto a una notable actuación de mis compañeros, que parecían leones defendiendo su territorio. Hasta salimos en el diario. La noticia era que "Morning Star" había perdido la final del campeonato por 1-0 ante un modesto equipo de barrio. (Como solía decir mi padre: ¡Qué ciegos son los periodistas!, pensé entonces con rabia).

Después de una larga noche de festejos en la sede del club con cervezas y pizzas (los más transgresores tomaban vino moscato y fumaban cigarrillos) los vagos del equipo superior (todos mayores de 18 años) hicieron una encuesta y descubrieron que las dos terceras partes del flamante equipo juvenil campeón aún era virgen. Tras unas rápidas consultas se acordó que al día siguiente nos reuniríamos a las 7:30 de la noche en la sede del club y de allí partiríamos rumbo a una excursión sexual, la primera para mi y para muchos de los jugadores.

Cada uno debería llevar treinta pesos de la época; $25 para las señoritas "que les harán el favor" y los otros cinco para los gastos de autobús, preservativos y una cerveza al final.

El mundo se me derrumbó. La mitad del equipo trabajaba y podía conseguir esa suma de dinero. Yo, en cambio, era el benjamín del cuadro, apenas un estudiante de primer año de secundaria y nene de mamá, que recibía una módica mesada de cinco pesos por fin de semana y un peso al día para el autobús y un sándwich en la escuela.

Medité toda la noche y al día siguiente luego de la escuela y sin pensarlo dos veces, me encaminé hacia el negocio de mi padre. Había pensado en robarle algo de valor para venderlo entre mis cuates, pero descarté la idea pues no había tiempo para cobrarlo. La cita era ese mismo día y yo seguía 'seco' y en ascuas.... no podía dejar pasar la oportunidad de debutar con el grupo de amigos que habíamos logrado aquella hazaña en el campo de fútbol. Esta sería la segunda cosa importante que lograría en mi vida en menos de una semana. ("¡Dios mío, qué época galopante!", reflexioné).

Encaré hacia mi viejo, pero el hombre estaba con un cliente. Di una vuelta y regresé al rato. Eran ya las seis de la tarde y sólo le quedaba una hora y media para resolver aquel entuerto. Mi padre despachó a un viajante conversador y me miró con curiosidad.

- ¿Qué pasa?, inquirió el hombre, sabiendo que su hijo mayor le pediría algo.

Tomé una bocanada de oxígeno y largué aquella frase en una sola hilera, sin puntos ni comas: "Entre todos los muchachos conseguimos una puta y hay que pagarle 25 pesos cada uno", dije de corrido.

Mi padre sonrió a lo James Bond, con el labio hacia el costado (el muy engreído sabía que se parecía a Sean Connery y lo explotaba al máximo). Me tasó con su mirada de póquer, suspiró ganando tiempo hasta que metió su mano en el bolsillo trasero. Sacó su cartera, pensó un segundo y me extendió un billete de cincuenta pesos (me quiso decir "échate dos polvos", pero entonces yo no lo comprendí, pues no sabía ni siquiera lo que era "un" polvo).

Luego me dio un par de recomendaciones que no pude escuchar porque estaba absorto en el sueño que me producía aquel billete verde (una lechuguita, le decíamos entonces por su color).

Asentí con la cabeza como un autómata y salí disparado hacia el club. Ya eran casi las siete y allí estaba casi toda la banda. De mis amigos, lo que se consideraba un amigo a tiempo completo, sólo faltaban dos. El 'Chino' era sodero, repartía sifones (esos pequeños tanques rellenos de agua con gas) y no podía tardar, debía estar descargando el camión y seguramente haciendo algún enredo con el orden de los cajones para sumar sus $25 con trampas en la recaudación. Me preocupaba el 'Tano' Hugo. Era hijo de inmigrantes italianos y estudiante secundario como yo; mi corazonada me decía que debía estar en gestiones no paternales para conseguir el dinero de su también primera cita. Efectivamente, el `Tano´ llegó casi a las siete y media con cara de preocupado.

- No llego, me faltan diez pesos, me confesó Hugo angustiado.

- Yo te aguanto, te los presto, le dije por lo bajo para evitar otros pedidos y le estiré diez pesos de los cincuenta que ya había cambiado en el kiosco.

Cuando llegó el 'Chino', estábamos todos listos. Tres de los mayores dieron las instrucciones: "Vamos a tomar un trolley hasta la esquina de las calles Presidente Roca y Salta. Allí bajaremos y tomaremos el colectivo número 54 hasta el final del recorrido junto al arroyo Saladillo".

- Si alguno se pierde, allá lo esperamos, advirtió uno con tono de "no los vamos a estar cuidando".

- El lugar se llama Molino Blanco, grito otro de los mayores.

- Es una locura, le comenté por lo bajo al 'Ratón', uno de los medio campistas del equipo.

- Para qué ir hasta el otro extremo de la ciudad a buscar putas cuando acá en el barrio hay una docena de ellas esperando por nuestro dinero, exclamé.

"Fumanchú", un flaco alto con cara de oriental, me respondió con una sonrisa picaresca: "Las de allá son más jóvenes" anunció, con lo cual se me acabó el argumento.

En el viaje me quedé pensando sobre el tema y recapitulé que entre las incipientes prostitutas de mi barrio podría haber primas, amigas o hasta hermanas de algunos de los jugadores del equipo, por lo que tomé como muy conveniente la idea de llevarnos en grupo al otro extremo de la ciudad y así evitar la vergüenza de alguno de mis compañeros.

Cuando llegamos, el final del recorrido de la línea de autobuses 54 era literalmente el fin de mi ciudad. Estábamos sobre la misma ruta, en una estación de servicio. Al cruzar la carretera se veía una fábrica cuyo paredón lateral daba hacia el arroyo, el cual era el límite de la ciudad. Allí estaban. Eran entre 12 a 15 mujeres tapadas con abrigos largos hasta los tobillos, pero en sugerentes minifaldas a pesar del frío viento polar que soplaba desde el Atlántico sur. Cuando nos vieron, supieron que esa noche iban a hacer buenos negocios.

El grupo cruzó como un malón y allí mismo comenzó el regateo. Yo me quedé atrás, pues todavía no sabía cómo era la jugada. Los del primer grupo hablaron con algunas de las chicas y enseguida encararon hacia la orilla del arroyo, unos tomados de la mano y otros abrazados por la cintura.

- Carajo, es al aire libre la cosa, dije sin pensarlo.

- ¿Por $25 qué quieres, calefacción?, me respondió un full back con sorna.

Caminé detrás del 'Chino', quien era experto en estas lides pues era su segunda vez en el lugar. Para mi decepción, descubrí que las chicas más jovencitas ya habían desaparecido con medio equipo. Quedaban algunos de mis compañeros rezagados en medio de unas ancianas decrépitas que tenían demasiada pintura en la cara.

- ¿Vienes conmigo?, me sugirió una de ellas con aspecto de mamarracho.

- No, gracias, busco a una amiga, inventé rápido. ("Ni en pedo", pensé).

- Evapórate, le dijo el "Chino" de manera grosera a la mujer y luego empezó a regatear con otra de ellas hasta que ambos desaparecieron rumbo al arroyo.

- Espera que vuelva y te coges también a ésta, me dijo el "Chino" al pasar.

Esas palabras me iluminaron. Aguardé varios minutos y luego caminé hacia aquella oscura boca de lobo esperando que apareciera alguna de las "nenas" que ya hubiera terminado su "trabajo" para hacerle una oferta, cuando de repente me topé con aquella hermosa mujer que apareció de la nada.

- ¿Estás solo?, preguntó ella para evitar la competencia desleal.

- Sí, respondí asustado, con un hilo de voz.

- Ven, ¿es tu primera vez?, indagó ella mientras me llevaba de la mano a través de un sendero sinuoso, que casi escondido recorría el lugar entre medio metro de yerba mala.

- No, la segunda, dije absorto mientras miraba cómo una pareja cogía desaforadamente junto a un cañaveral. Aquel tipo pujaba como un enfermo, pero la mujer que estaba debajo tuvo tiempo para tirarme una guiñada de ojo al pasar.

- Me llamo Cristina y tengo 26 años, reveló mi acompañante mientras tendía un mantel verde de plástico sobre la hierba, entre dos arbustos. Escudriñó los alrededores para cerciorarse que no hubiera moros en la costa, se tumbó y me ordenó que me acostara sobre ella.

- ¿Traes el dinero?, preguntó ella mientras se subía la falda de lana.

- Acá está, respondí sin poder quitar la vista de aquel tajo en primer plano. Toqué aquella concha con cariño mientras ella sonreía y abría un preservativo con los dientes. Mi pequeño sexo estaba listo, no sabía muy bien para qué, pero allí estaba parado y duro.

Ella puso saliva en su mano y envolvió mi pequeño miembro con el néctar antes de comenzar a ponerle aquella cosa de látex. Obsesionado con sus senos, metí las manos debajo del suéter y los acaricié con ganas.

- ¡Suave, nene!, gimió ella levantando el hombro en gesto de dolor.

- Ven acá, no tenemos toda la noche, agregó tomándome de la cintura y colocando mi miembro entre sus piernas. Allí quedé, tieso como una tabla de planchar mientras ella enroscaba su pelvis contra mis genitales. La tal Cristina puso su mano en mi espalda baja y me apretó contra su cuerpo.

Comencé a bombear suavecito, por miedo a que aquello se saliera del lugar. Cuando agarré el ritmo, descubrí que me estaba babeando. Tragué saliva, respiré hondo, miré hacia arriba y me fundí en aquel cielo lleno de estrellas que se reflejaban junto con la luna sobre las oscuras aguas del arroyo Saladillo.

- Muévete como una serpiente, hacia los costados, así dura un poco más, ordenó la cortesana. De repente me sentí reptil; un cocodrilo que rumiaba de placer mientras avanzaba hacia una presa arrinconada. Al rato, un cosquilleo desconocido subió desde mis pies, trepó por los talones, me recorrió las pantorrillas, viboreó en las rodillas e hizo temblar a mis muslos hasta dislocar el resto de mi cuerpo en un tembladeral que casi me saca los ojos de las órbitas. Siguieron los espasmos hasta que descubrí que un chorro de vida se me iba por aquel canal que tenía entre mis piernas y que acababa de comprender cuál era su razón de ser.

Cristina tenía una sonrisa de satisfacción. Yo intenté darle un beso en la boca, que ella evitó con cortesía. No obstante, me acurrucó con ternura, mordió el lóbulo de mi oreja, besó mi cuello un par de veces y me quitó con maña y experiencia aquella goma llena del virginal semen, que inmediatamente pasó a formar parte del arroyo.

Sacó de su cartera una toalla del tamaño de un pañuelo y limpió su entrepierna mientras mis ojos absortos seguían el espectáculo. Ni corto ni perezoso quise ayudarla en su tarea y le acaricié las piernas, pero a cambio recibí un golpe de advertencia en la mano.

- No lo hagas, me da cosquillas, respondió ella con un mohín de niña traviesa.

Entonces le pasé mis dedos con picardía por la cara interna de sus muslos, mientras ella reía y resistía a medias el avance.

Cuando quise reaccionar mi miembro estaba duro de nuevo.

- Tienes que irte, me recordó ella mientras le daba un sonoro beso a mi recién estrenada hombría.

- Hagámoslo de nuevo, le imploré mirándola a los ojos y rogándole al dios del placer por que no soltara mi verga. Ella me apretó entonces los testículos y comenzó a jugar con ellos.

- ¿Tienes otros 25?, me preguntó con picardía mientras mentalmente me lamentaba por haberle prestado diez pesos al "Tano" Hugo.

- Diez, repliqué sabiendo que tenía 14 pesos y algunas monedas en el bolsillo, pero había que pagar el autobús de vuelta y tomar unas cervezas para festejar.

- Por diez te puedo hacer una pajita, contestó ella sin soltarme los testículos.

- Dale un besito al pobre Carlitos, imploré otra vez, con fuerzas que no sabía de donde procedían, mientras apuntaba a mi miembro duro, que acababa de ser bautizado.

Ella estiró su mano como un pordiosero a la entrada de la iglesia. Yo rebusqué en el bolsillo de mis pantalones, que por entonces andaban enredados en mi tobillo y separé mentalmente los billetes de un peso; saqué sin querer 11 pesos del bolsillo y anuncié: "Déjame uno para el autobús", billete que guardé sin darle tiempo a reaccionar. Ella se puso de rodillas, sacó su cabeza por encima de los arbustos, corroboró que no hubiera policías ni clientes esperando y se zambulló sobre mi tierno sexo.

Primero lo enroscó con su lengua, luego lo fue succionando como a un espagueti hasta tenerlo completo en su boca y allí desató su maestría (en realidad era digna de un doctorado). Subía y bajaba su boca con un ritmo espectacular. Soltó el falo y me lamió los testículos mientras me masturbaba con precisión de relojería suiza. Mis ojos se voltearon hacia adentro y recorrí el mundo del placer; el universo era un lugar sensual y Cristina era la diosa del espacio. Luego ella me pasó la lengua por el interior de mis muslos y creí que iba a explotar, cosa que hice unos segundos después cuando ella volvió a chupetear el desvirgado miembro. Cristina me miraba orgullosa desde aquella perspectiva que sólo da el sexo oral, mientras dejaba correr la miel de mis entrañas por la comisura de sus labios.

Sacó la toalla-pañuelo una vez más y secó mis testículos, inundados del reciente placer.

- Cámbiate que nos vamos, me ordenó mientras escupía hacia el costado.

Desandamos el sendero en silencio.

- Trabajo de doméstica en una casa, pero vengo todos los lunes y miércoles, reveló ella a manera de despedida y de próxima cita.

Sonreí con candor, me despedí con un beso en su mejilla y crucé la ruta. Encontré a los chicos del equipo en el bar de la estación de servicio, en medio de un creciente bullicio. Hablaban todos al mismo tiempo de sus aventuras, de lo que habían hecho o dejado de hacer. ("Ustedes, los hombres, sólo follan para contarlo", me espetaría años más tarde, con notable acierto, Charo, mi entrañable amiga vasca).

Pedí una cerveza y respondí el interrogatorio de rigor, especialmente sobre si se me había parado, cuántas veces lo había hecho y cosas por el estilo, mientras el resto del equipo iba llegando al punto de reunión.

El trayecto de vuelta se hizo más largo, a pesar de las bromas e intercambios de chistes en el autobús. Hicimos el cambio de transporte y finalmente llegamos a la famosa esquina de Pichincha y Salta, la crema del barrio. Al bajar del trolley hubo festejos. La noticia del debut grupal había corrido de boca en boca y allí estaban todos los personajes del barrio, hasta los propios miembros de la comisión directiva del club, que nos escudriñaban, por sobre el humo de sus cigarros y algunos vasos vacíos, detrás del cristal del bar Villamil.

En medio del jolgorio cada uno relató su experiencia ante ese comité de bienvenida y respondimos las indiscretas preguntas de los más veteranos, que no dejaban de reír ante cada detalle. Después de mi turno ante ese confesionario público, crucé hasta mi casa. Para mi sorpresa, mi padre me esperaba en la sala junto a mi tío, mi abuelo y un amigo de la familia.

- ¿Y?, preguntó mi padre apenas aparecí bajo el dintel de la puerta.

- Todo bien, respondí sonrojado, mirando las baldosas.

- Se nos ha hecho hombre el muchacho, vociferó mi padre con sobrado orgullo mientras se servía otro whisky de contrabando.

Mi tío me tiró una guiñada y levantó una copa a modo de brindis. Mi abuelo me dio un par de palmadas en silencio y terminó con un fuerte apretón de hombros.

- ¿Es cierto que fue todo el equipo?, preguntó el amigo de mi padre entre sorbos de whisky y remató con "¡Qué locos!", en su fingido tono de voz de burgués venido a menos.

El coloquio se acabó cuando apareció mi madre. Con los ojos rojos de furia desató una andanada de críticas sin apuntar a nadie en particular.

- Están todos locos... sabe Dios qué clase de enfermedad pudo haberse contagiado. Tras soltar un furibundo "son unos irresponsables", me tomó del brazo y me arrastró literalmente hasta la cocina, donde un humeante plato de sopa y un vaso de leche me esperaban servidos.

("La humillación no puede ser peor", pensé, pero no me atreví a argumentar con mi madre, que estaba "encendida" de cólera).

- Tómate eso y vas directo a darte un baño, ordenó ella secamente.

Mi hermana menor me espiaba con la curiosidad natural de alguien que sabe que ha pasado algo grave, pero no entiende nada. Sus ojos de niña pícara me tasaban detrás de la puerta mientras tomaba esa sopa vigorizante con sabor a madre. A mi ya nada me importaba. En realidad no podía dejar de pensar en ese cúmulo de sensaciones vividas (ni podría despegarme de cómo hacer para repetir esa experiencia por los próximos 40 años).

Me bañé despacio, en cámara lenta, en aquella recámara cómplice de mis ahora distantes masturbaciones. Las sesiones onanísticas a partir de ese instante pasarían a ser parte de un recuerdo, algo así como un escalón inferior en mi valoración del mundo.

Mientras la ducha caliente intentaba lavar "mis pecados", descubrí, como un caníbal que ha cobrado conciencia de su propio ser, que la carne había encontrado a la carne. En ese instante supe que mi vida ya no sería igual que antes y que de allí en más deambularía el resto de mis días tratando de repetir ese instante de satisfacción.

Comentarios del autor al lector:

1) Recuerda con quién tuviste tu primera relación sexual.

Ahora imagina un hermoso rayo de luz que sale de tu corazón y envíaselo con todo el amor que puedas visualizar.

¿Porqué bendecir a alguien que quizás nunca más se acordó de ti?

Creo que a partir de ese primer encuentro, tu vida entra en un juego eterno donde comienzas a descubrir las claves del sexo hasta aceptar que eres parte de un acuerdo universal que sirve para continuar tu especie en esta tercera dimensión, asegurando también la continuidad de la conciencia espiritual, que es la vida misma.

Claro que del dicho al hecho hay un trecho... y en ese trayecto cada uno aprende a manejar su propia energía sexual; buscando cómo descubrir a cada potencial pareja y preparando las herramientas que utilizaremos para "marcar" nuestro territorio sexual.

Durante estas primeras experiencias se forja una identidad muy propia que nos acompaña todo el camino; por lo que estamos descubriendo la energía vital, la energía primaria, la más bruta que tenemos a nuestra disposición y que es la expresión creativa más importante para vivir y dar vida. Claro que en ese momento no tenemos ni idea de lo que pasa.

Muchas veces la energía que produce el sexo nos lleva a asomarnos al éxtasis de otras dimensiones, si es que contamos con la pareja adecuada y estamos en sintonía con la ley universal. Los elementos básicos de una relación sexual sana y equilibrada son confianza, comodidad y compatibilidad, que unidos a honestidad e integridad nos puede llevar a las puertas del amor infinito.

De aquí que es importante integrar todo el amor posible en las experiencias sexuales para beneficio de nuestra salud física, emocional y espiritual.

2) Si nunca has tenido un orgasmo nunca podrás relajarte completamente y, si no te puedes relajar por completo, nunca hallarás los placeres multisensoriales que te regala la vida.

Nadie te puede contar lo que es un orgasmo. Tienes que ser capaz de descubrirlo personalmente con tu propio cuerpo. Es una experiencia que te pertenece a ti mismo y que sólo puedes entenderlo aprendiendo cómo complacerte a ti mismo.

Cada época ha creado muchos tabúes con respecto al cuerpo humano; sin embargo, tienes todo el derecho a conocer a tu propio cuerpo; simplemente es tuyo. La idea de que el sexo es algo sucio o pecaminoso o eso que te dicen que hay algo que no funciona bien en tu cuerpo porque te excitas con facilidad, es un ejemplo de la represión social y de las creencias limitantes que imponen las religiones.

La ley principal de tu cuerpo es que lo trates con integridad y nunca abuses de él, ni del de los demás.

Muchas veces no sabemos cómo tratar estos temas a nivel familiar. ¿Cómo lo maneja papá? ¿Lo habla mamá con su hija? ¿Creciste en un hogar donde se cree que el silencio es mejor que exponer los hijos a la sexualidad? ¿Todavía escuchas que masturbarse es "un pecado"?

Para romper esos tabúes, comparto contigo algunos datos y estadísticas: Según algunas enciclopedias la mayor parte de la población se masturba desde edades tempranas, mientras que se afirma que entre el 92 al 94 por ciento de los hombres en el mundo se han masturbado, cifra que en las mujeres oscila entre el 85 al 93 por ciento.

Antiguamente se creía que los hombres se iniciaban en la masturbación antes que las mujeres por tener un órgano sexual externo más evidente al que tienen que tocar a diario por razones fisiológicas e higiénicas, mientras que las mujeres aprendían a masturbarse espontáneamente o con mayor frecuencia mientras se bañaban.

Lo cierto es que tanto hombres como mujeres continúan masturbándose después de establecer relaciones de pareja, incluso aunque tales relaciones sean satisfactorias.

Otra vieja creencia era que la masturbación producía aislamiento y vicio, pero ya se ha comprobado que la mayoría de los seres humanos se masturban y tienen relaciones sexuales sin ser por eso seres aislados.

Lo que sí sucede es lo contrario. Es decir, las personas aisladas que no saben relacionarse con los demás, sólo pueden desarrollar una forma de satisfacción sexual: la masturbación. Pero no porque recurran a ella como consuelo. Se masturban como todos los demás, pero no son capaces de desarrollar la actividad sexual que apetece compartir con otras personas; porque no son capaces de relacionarse con esas personas.

3) De niño crecí en la esquina de Salta y Ricchieri en la ciudad argentina de Rosario. Esta última calle se llamaba antiguamente Pichincha y fue escenario de grandes prostíbulos a partir de 1930 por su proximidad a la estación de trenes Rosario Norte y al famoso puerto cerealero donde atracaban barcos de todas las latitudes que llenaban sus entrañas con el codiciado trigo de la zona.

La mayoría de los prostíbulos funcionaban en la clandestinidad y eran controlados por mafias europeas que durante décadas "importaron" mujeres del Viejo Continente para la prostitución. Allí funcionó el lujoso burdel de Madame Safó, en el cual se daba cita la burguesía de la ciudad (de marcada hipocresía y doble moral), además de otros famosos establecimientos como "Moulin Rouge", el teatro "Casino", y el hotel de alojamiento por hora "El Ideal", que todavía funciona y se asienta sobre el edificio que otrora fue "El Chantecler".

En los años 60 todavía quedaban los resquicios de aquellos tiempos lujuriosos y los prostíbulos habían dado paso a los conventillos, que transformaron las casas de mujeres públicas en viviendas reducidas a un solo cuarto, que albergaban a familias enteras que compartían un patio común, un baño en común y algunos corredores donde colgaba la ropa recién lavada

4) Las muñecas inflables fueron desarrolladas en su forma moderna en Japón y Alemania para fines de los años `30 y comienzos de la década de 1940. En Alemania se creó como parte del proyecto del ejército 'Model Borghild', y en Japón para el uso en submarinos navales. Previo a ello existía lo que los marineros llamaban "dama de viaje", que era una muñeca femenina hecha de tela cosida que se utilizaba a bordo del barco para obtener alivio sexual.

La muñeca 'Bild Lilli' fue un modelo alemán que se vendió como un juguete sexual para hombres a mediados de los años cincuenta y cuyo diseño se dice inspiró a la fabricante de una famosa muñeca para niñas que aún vende sus modelos como pan caliente.

5) ¿Crees que hay que pagar por sexo? ¿Aunque sea la primera vez? Pregunta cómo debutaron los hombres de tu familia... y las mujeres.

Finalmente, querido/a lector/a cierro este capitulo con una asignación: ¿qué opinas de las prostitutas? Toma un papel y enumera las razones por las que crees que una prostituta es o no importante para la sociedad.

Trata de hacer el mismo ejercicio con tus amigos y familiares y luego compartan sus razones, sin enjuiciarlas. Te aseguro que será una pieza de conversación por demás interesante.

Expedición de pesca

Capítulo Dos

Con apenas 14 años, Abel ya era todo un pichón de tiburón sexual.

Un año atrás había mordido las carnes de una mujer y desde entonces navegaba entre marejadas de alquitrán siguiendo olas de caderas que lo llevaran hasta su próxima sirena.

Como buen marinero, aquella vez había pagado por los servicios sexuales y la sesión no había estado nada mal ni, mucho menos, traumática, pero se había prometido a sí mismo no volver a pagarle a una mujer.

Pensaba que si Dios le había dado tanta labia y le permitía juegos y devaneos de conquista, porqué entonces debería caer en la fácil tentación de ir a comprar sexo. ("Gánatelo pescando", le gritaba el inconsciente a Abel desde lo profundo de sus agallas).

Había invertido varios meses en algunos juegos presexuales, pero el acto en sí mismo no se concretaba aún. Tenía su propia técnica para arribar a buen puerto: en el verano llegaba temprano a las clases de natación y allí con algunas niñas de su edad desarrollaba un juego excitante: él se zambullía y les mostraba su miembro; ellas los suyos. Nadaban hasta lo profundo y permanecían en los cinco metros (unos 15 pies de profundidad) agarrados de la escalera explorándose mutuamente. En el fondo de la piscina él sacaba su armamento a cambio de que ellas se corrieran el traje de baño para que pudiera observar sus tiernas rajitas. Al principio ellas bajaban de a dos. Así se sentían más seguras, pero para Abel el banquete era doble.

Un día una de ellas hizo una comparación.

-Gustavo la tiene más grande, reveló Alicia, lo cual hirió sus sentimientos.

Esa tarde se mortificó en devaneos sobre los tamaños del pene. En las duchas comunales del club (dos hileras de quince varones frente a frente sin nada que los separe) comparaba los tamaños. Descubrió que el famoso Gustavo, efectivamente, tenía un pene flaco y largo como si se hubiera masturbado amasando plasticina. Lo siguió con la vista con disimulo hasta que notó que tenía hecha la circuncisión. ("¡Es judío, con razón!", se justificó).

Al día siguiente, Laura, a la que también tenía en la mira como una de sus posibles víctimas sexuales, repitió el argumento de su amiga: "Gustavo la tiene más grande y bla bla bla"... pero su mente veloz le tenía preparada una sorpresa.

-Él no tiene la misma sensibilidad que yo, manifestó ante su sorpresa.

-Si me tocas la puntita debajo de la carne, la mía crece el doble, apostó Abel sin pensarlo dos veces.

Los ojos de Laura acusaron el golpe. La curiosidad se encendió en su mirada.

-Vamos a ver, respondió ella y se zambulló de pie al lado de la escalera. Abel se tiró al agua detrás de ella con una sonrisa ladina en los labios.

En el fondo de la piscina Laura le tomó el miembro y lo estiró con fuerza hacia atrás. Abel creyó que moriría con esa mezcla de placer y dolor mientras ella siguió masajeando hasta que se le paró como Dios manda; él hizo señas de que era el momento en que ella debía mostrar su "cosita" rubia. Cuando corrió su traje de baño y aquellos labios carnosos quedaron al descubierto, no lo pensó dos veces y puso su dedo índice entre ellos, para que ella también saboreara el momento.

Al principio Laura reculó, pero su mano fue hacia ella hasta tocar su clítoris con la falange superior de su dedo índice. Ella tiró la cabeza hacia atrás en un gesto de horror y placer, soltó el aire por la nariz y comenzó a ascender mientras Abel veía subir aquellas nalguitas que sobresalían del bañador entero con las siglas del club bordadas en letras doradas.

Al salir del agua, Abel tuvo que ir a darse una ducha fría para bajar el palo que tenía entre las piernas. Laura lo esperaba en un banco con una toalla.

-Vamos a repetir eso acá afuera, ordenó ella cuando se acabó la práctica de natación.

Se metieron detrás de unos arbustos que caían hacia un costado formando un hueco en el medio. Allí debajo de esa sombra cómplice se acariciaron larga y asépticamente. Nada de besos, sólo curiosidad sexual. Ella se contorsionó dos o tres veces mientras él le tocaba las vulvas y el clítoris con la yema de los dedos. Refregó sus tetitas junto a su pecho mientras ella acariciaba su miembro y con un poco de vergüenza y mucho de placer derramó su semen sobre los muslos de la nadadora más rápida del país. La toalla del club sirvió para la limpieza.

Así siguieron todo el verano... pero, a pesar de su insistencia, ella no lo dejaba avanzar más.

Las hojas de los árboles comenzaron a caer, el agua de la piscina su puso cada vez más fría y más verde: el invierno estaba cada vez más cerca.

Abel entonces cambió de rumbo y se dedicó a vigilar a varias compañeras del colegio de su hermana. Los domingos, las monjas del colegio habilitaban el salón de actos de la institución y lo transformaban en un cine.

Los confiados padres dejaban a sus niñas en lujosos autos en una de las puertas laterales del colegio a las dos y media de la tarde y volvían a recogerlas al final de la tanda, cerca de las siete de la noche.

Al verlas llegar se sentía como un tiburón que espera su turno para atacar a una manada de focas que descansa en una apacible playa.

Mientras muchos adolescentes de entonces se dedicaban a pensar en cómo poner su mano en el hombro de su parejita, el objetivo de Abel era ponerla entre sus piernas.

Había desarrollado una técnica que confiaba sería casi infalible. En la primera película: darle muchos besos profundos en la boca. En la segunda: darles masajes entre las piernas hasta que su víctima tenga que ir al baño. Le daría tiempo para que llegara al baño y unos minutos más tarde haría discretamente el mismo recorrido. Cuando encontrara a su compañera de juegos por el pasillo, la metería entre besos en algún salón cercano o la arrastraría hasta el mismísimo baño de varones, adonde ninguna monja se atrevía a entrar.

Pensaba que muchas de ellas se resistirían, pero las más audaces lo seguirían y podría ejercer aquel toqueteo sexual hasta que las rodillas de ambos se doblaran de placer.

La cosa funcionó mejor de lo que había planeado y fue "in crescendo" de domingo en domingo (ellas también se cuentan todo) ya que tenía cada vez más adeptas en diferentes etapas del juego prohibido.

Una tarde, una de ellas llegó a ponerse el miembro en su boca e intentó chupárselo, pero desgraciadamente no sabía muy bien lo que hacía y achacó sus deficiencias a que su primo aún no había terminado de enseñarle. Tuvo luego otra víctima a la que le gustaba que le metieran dos dedos en la vagina hasta quedar en un éxtasis permanente; luego del cual le dejaba tocarla todo lo que quisiera, pero nunca penetrarla.

Así pasaron varias semanas y varias conejillas de indias hasta que encontró la joya de la corona: una alumna, de familia muy seria, que se entregó a sus juegos con una condición: la penetración sólo sería anal, nada más ni nada menos. Sostenía que quería llegar virgen al matrimonio, así que una tarde después de muchos frotes y caricias le regaló aquel trasero en vivo y a todo color.

El proceso era así: ambos se ignoraban durante la primera película, que era cuando las monjas, linterna en mano, estaban más atentas a lo que ocurría en las butacas de las filas traseras. A los 10 ó 15 minutos de comenzar el segundo filme, ella se levantaba, iba al baño y sólo le dirigía una mirada autoritaria: "Sígueme", le decía con sus ojos negros.

Se escondían en algún salón lejano y Abel comenzaba a masajear su clítoris entre besos profundos, luego se refregaba contra aquellos pechos nacientes hasta que ella se daba vueltas y apoyaba su espalda contra el madero que la esperaba deseoso.

-Recuerda, por adelante no, enfatizaba ella muy segura. Luego recostaba su pecho sobre un pupitre y levantaba la falda de tabletas sobre su espalda con sus pantaletas de algodón colgando en los tobillos.

Abel se deslumbraba con la imagen de aquellas caderas en primer plano esperando por él. Sus ojos amenazaban con salirse de sus cuencas ante ese espectáculo que la vida le regalaba. Con una infinita paciencia, que acababa de adivinar que tenía, comenzaba a penetrarla por detrás, centímetro a centímetro. Ella movía sus músculos con precisión y se iba tragando aquel animalito cual si fuera una boa constrictora. Abel apenas tenía que moverse. En realidad cuando comenzaba a serruchar ella gemía de placer, se aferraba con las dos manos al pupitre, mordía su camisa y cuando desataba el éxtasis de su orgasmo anal, él derramaba todo su semen en esa ardiente niña de 15 años a la que ya idealizaba como una madame francesa.

Nunca se atrevió a preguntarle. Tampoco tuvo la oportunidad; eran como dos gorriones que volaban cada uno por su lado después de cometer el "pecadillo". Sin embargo, Abel siempre sospechó que algún hombre de su entorno familiar la estaba "adiestrando" en estas artes amatorias durante sus largas estadías en la estancia, aquel refugio del campo propiedad de su familia.

Un mes y medio más tarde, cuando se comía aquel sabroso banquete durante un domingo de otoño, se formó un lío descomunal. Esa tarde de cine y sexo sostenía con su reina anal una variación del juego. Ella lo llevó hasta un alejado salón de clases, lo hizo sentar en la silla de la maestra y luego de pasarle la lengua sobre su falo se sentó sobre él, mirándolo de frente, mientras introducía el miembro en su ano. Era más doloroso para ambos, pero ella parecía gozar más con la situación ya que tenía todo el control de los movimientos y regulaba tanto el ritmo como la penetración, mientras lo miraba con toda la lujuria que unos ojos podían contener. ("Me quiere enseñar lo nuevo que ha aprendido", pensó Abel con malicia.)

Lo cierto es que en pleno clímax escucharon pasos por el pasillo. Se habían descuidado en medio de sus placeres y los gemidos habían subido de tono. Abel la levantó en vilo y la sentó sobre el escritorio de la maestra mientras cubría sus genitales con un abrigo. Ella estaba aún en éxtasis, con sus ojos en blanco, la boca abierta y baba en la comisura de sus labios. Con la mano en el bolsillo del abrigo guardó sus herramientas y subió la cremallera de su pantalón mientras una monja avanzaba hacia ellos. ("A todas luces es una escena inofensiva. Ella está sentada sobre el escritorio y yo a su lado, en una silla", pensó Abel a la defensiva).

La monja comenzó a retarlos, con el argumento de que no podían estar allí, etcétera, etcétera. Les ordenó salir del lugar. Cuando Abel se paró, las bragas blancas de algodón de su sensual amiga cayeron frente a sus zapatos. Pateó la impresentable prenda debajo del escritorio antes que la monja pudiera verla, mientras un hilo de semen recorría su muslo derecho debajo del pantalón de corduroy.

Ella parecía seguir en éxtasis mientras la madre superiora la conducía del brazo de regreso a la sala del cine. Abel caminaba con la mano en el bolsillo, desde donde aferraba su pantalón aún abierto. En un descuido de la monja se metió al baño de hombres a arreglar su dignidad con la esperanza de que la tormenta pasara. Cuando salió, dos monjas lo esperaban; lo escoltaron hasta la puerta y le ordenaron que no volviera. Desde ese día tenía la entrada prohibida al cine y la escuela.

-¿No me van a devolver lo que pagué por la entrada?, argumentó sin éxito.

-Es el hermano de Marcela, resopló una monja resignada.

("No importa -pensó al alejarse- la primavera está a la vuelta de la esquina; la playa y la piscina me van a proveer de nuevas delicias para mi apetito sexual").

Efectivamente, con los primeros calores se enteró que habían inaugurado una nueva piscina en un viejo club cerca de su casa. Investigó y se hizo socio de inmediato. Su madre se puso contenta al saber que estaría a unas cuadras del hogar en lugar de andar perdido "por esos caminos de Dios", como le gustaba decir.

En las clases de natación de la mañana había varias sirenitas que lo miraban de lejos, pero no se le acercaban. Por las tardes muchas hermanas y madres llegaban a acompañar a sus hermanitos e hijos; más no se podía pedir del lugar, sólo había que poner la carnada.

Una flaca larga que nadaba por las mañanas no le quitaba la vista de encima. En sus ojos se podía ver el deseo, pero a Abel le gustaba más su amiga quinceañera que, aunque era más bajita, tenía mejores dotes de mujer.

Leonor tenía unas caderas que presagiaban un cuerpo hermoso y unos pechos prometedores por los que no había que esperar que siguieran madurando. Poco a poco sus ojos se fueron buscando hasta que se encontraron. La paciencia era la mejor virtud de Abel cuando había que hacer una conquista.

Cuando ella se quiso dar cuenta, ya le había robado un beso junto a la cancha de basket. A partir de allí, pasaban juntos la mayor parte del día en el club, alternando entre la piscina y los juegos de mesa. No podía verla por las noches pues el padre era muy celoso de su hija y sólo la dejaba salir hasta las ocho de la noche, así que decidió avanzar en el mismo club.

Poco a poco fueron descubriendo lugares apartados para besarse apasionadamente y abrazar sus ardientes cuerpos. Leonor se resistió bastante, pero cuando finalmente Abel logró tocar su sexo, ella no pudo olvidarlo y regresó por más al día siguiente. Una tarde al caer el sol estaban casi solos en un área cercana a las parrillas vacías. Había una caseta donde los viejos socios guardaban el carbón y otras herramientas para sus asados. Allí se metieron con toda su calentura a cuestas. Se besaron y se tocaron como nunca. Abel le acarició el sexo hasta que ella tuvo un orgasmo tras otro. Tomó la mano de la niña y la llevó hasta su miembro. Ella lo tomó con fuerza y apretó aquel leño encendido. Él se bajó el traje de baño y ella se quedó sin aliento, pero con aquello en la mano.

-Acá no, dijo ella ante el inminente desenlace.

-¿Dónde?, preguntó él incrédulo, en pelotas y con el bañador en el piso.

-Arriba, respondió ella y agregó "sígueme" mientras él se ponía el bermudas en su lugar.

Persiguió a Leonor hasta el segundo piso. Detrás de los vestidores estaban construyendo una nueva área de baños. Estaba cerrada con una plancha de zinc atravesada por un alambre a manera de candado, que ella abrió con sigilo. Espiaron a uno y otro lado y se metieron en el lugar a gozar de la vida.

El baño de los hombres estaba aún en construcción, así que entraron en el de las mujeres, que estaba casi terminado. Leonor lo sentó en el inodoro y se sentó a horcajadas sobre él. Se besaron sin descanso. Su piel era suave y su lengua esponjosa y cariñosa. Abel le levantó la parte superior del traje de baño y besó los pechos con pasión. Ella le desabotonó el bermudas y frotó su pequeño botón rojo contra aquel miembro que le quitaba el sueño. Él tomó esas nalgas hermosas, circulares, tiernas, frescas y llevó el ritmo hasta que su mástil encontró el hueco entre aquellas piernas y se clavó en sus entrañas.

Leonor se contorsionó, su semblante cambió y comenzó a convulsionarse como una loca. ("Cómo goza. ¡Qué polvazo!", pensó Abel).

Las manos de Leonor golpeaban las frágiles paredes del improvisado cubículo y no dejaba de apretar desaforadamente sus piernas. Abel descubrió que aquellos ojos extasiados estaban en blanco y que ella echaba espuma por la boca. Intentó incorporarse, pero el peso de ambos fue demasiado para la improvisada puerta, que cedió y cayeron sobre ella. Cuando logró reponerse, se dio cuenta de que ella tenía un ataque epiléptico. Sacó su cuerpo de encima del de ella en el momento en que su semen comenzaba a correr. Allí, de rodillas y sin saber qué hacer, su esperma salpicaba toda la escena.

El ruido había alertado a la amiga flaca que los estaba rastreando y llegó hasta el lugar en ese preciso, pero inoportuno, momento. La flaca abrió la boca como una letra O perfecta y desapareció corriendo. En esos segundos de soledad, Abel levantó su bermudas y acomodó como pudo el traje de baño de Leonor, con su mano recogió el semen que había sobre su cuerpo, lo secó en su bañador y luego comenzó a intentar abrirle la boca para que ella no se ahogara.

Por suerte había visto antes un ataque epiléptico y sabía que tenía que tratar de sacarle la lengua de su boca para que pudiera respirar. La flaca llegó corriendo con el salvavidas, un moreno de las Islas Canarias que metía miedo con su físico. El tipo tomó un pedazo de cartón del piso y con ayuda de Abel lo introdujo en la boca de Leonor, que no paraba de convulsionar.

Miró a la flaca y le ordenó: "Busca a un médico".

Ella fijó sus ojos en Abel de manera inquisitiva.

- Apúrate, le gritó sin miramientos hasta que salió disparada.

Leonor respiraba un poco mejor. Afuera la noche comenzaba a caer.

- Voy por ayuda, le dijo Abel al salvavidas, que aprobó con la cabeza.

Intentó salir, pero la flaca llegaba con los padres de Leonor por el medio del salón principal del club. Se escondió detrás de una paila de ladrillos en lo que ellos pasaron y luego corrió a recoger su ropa al vestidor. Al salir deprisa vio con alivio que llegaba una ambulancia.

Corrió sin aliento hasta su casa. Su madre lo miró con curiosidad al llegar. Se bañó y se encerró en su cuarto a esperar los acontecimientos. Una hora más tarde, una patrulla policial se detuvo frente a su casa. Tocaron el timbre y Abel subió a espiar desde el techo. Bajó corriendo como una centella y le suplicó a su madre.

- Diles que estoy en el club, que aún no he vuelto, rogó tembloroso.

- ¿Qué pasó? quiero saberlo ahora, no quiero sorpresas, dijo ella de manera terminante.

- Es un problema de faldas, respondió mientras el timbre sonaba nuevamente.

Con sus ojos, la madre le indicó que se escondiera, mientras ella se dirigía a abrir la puerta.

- Buenas noches, saludó cortésmente al patrullero mientras se secaba las manos en el delantal de cocina.

- ¿Aquí vive el señor Abel Martínez?, inquirió el policía.

- Si, efectivamente, es mi hijo, respondió la madre con naturalidad.

El policía la miró confundido y preguntó "¿Qué edad tiene su hijo señora?".

- Quince, dijo ella sin entender.

- Vámonos, el pibe es menor de edad, gritó el policía mientras giraba hacia el auto donde se encontraban la flaca mirona, el padre de Leonor y otro policía.

En un ataque de cólera el padre de Leonor desmontó de la patrulla y avanzó entre gritos y amenazas hasta la señora, que no retrocedió ni un milímetro.

- Su hijo es un degenerado, lo voy a matar, gritaba el tipo desaforadamente mientras uno de los policías intentaba contenerlo.

- Esta es una casa decente, aquí no venga a amenazar a nadie, respondió ella con dignidad.

Los policías controlaron al sujeto y lo amenazaron con esposarlo si no contenía su ira. Tras unos minutos de tensión, lograron que el ofendido padre entrara al auto y desaparecieron por donde mismo habían llegado.

- Ya puedes salir, le dijo la madre tras cerrar con doble llave la puerta de entrada y le ordenó: "¡Cuéntame qué pasó!".

Lo hizo, evitando algunos detalles muy obvios.

- Será mejor que no salgas por unos días y que no vuelvas a ese club por un buen rato, sentenció la madre con su especial poder de síntesis.

Esa noche y en los días subsiguientes el teléfono no paró de sonar. Todos sus amigos querían conocer la versión de los hechos de primera mano, pero Abel no tenía demasiadas ganas de hablar con nadie, excepto con Leonor, que no lo llamaba. Todo había sido un accidente desafortunado, por el cual se perdería el verano en la piscina y Leonor perdería su reputación en plena juventud. Le había cagado la vida y no podía remediarlo.

Leonor permaneció encerrada por casi dos años bajo la mirada vigilante de su padre. Durante los años que siguieron al "percance", Abel pasaba todas las tardes en bicicleta por la esquina de su casa. Ella lo observaba desde la ventana del segundo piso; permanecían en silencio unos segundos y a través de sus ojos se entregaban en cada mirada todo el deseo y el amor que no pudo ser.

Antes de despedirse, Abel se tocaba el corazón con los dedos anular e índice, luego lo llevaba a sus labios y le enviaba un cándido beso. Ella asentía inclinando la cabeza y cerrando sus manos sobre su corazón, como si hubiera atrapado el mensaje. Las estaciones cambiaron varias veces, pero él no faltó nunca a su cita en la pasarela de la esquina, mientras ella lo seguía en silencio desde la ventana.

Su padre personalmente la llevaba y la recogía en la escuela. Le había prohibido usar el teléfono y, además, vigilaba su correspondencia. La "falta", el "daño", seguía allí entre ellos como un delito imborrable, cargado de culpas pero sin rencores; con el destino como único testigo de su perdida inocencia.

Una tarde, la flaca mirona le llevó una carta en la que Leonor le anunciaba que iba a dejar su hogar. Ya tenía 17 años e iba a casarse con un amigo de su primo que había conocido en una fiesta familiar. Hasta tenía la venia de su padre. Abel respiró aliviado. La inobservancia de su conducta, la negligencia de su urgencia sexual y el error de juicio de sus pocos años habían llegado a su fin. El luto moral estaba acabado y ambos recuperaban sus vidas paralelas.

A partir de esa tarde, Abel ya no acudió a la cita. Guardó la bicicleta debajo de la escalera del patio, donde aún permanece herrumbrada como mudo testigo de la predestinación de sus almas.

Comentarios del autor al lector:

1) Tradicionalmente durante la pubertad creemos que el tamaño de nuestro pene está relacionado con el nivel de masculinidad y hasta con la propia hombría, pero nada está más lejos de la verdad.

Crecí en un colegio de varones donde las duchas eran experiencias grupales en las que todos nos veíamos desnudos. Más tarde al finalizar los deportes masculinos, la experiencia de compartir la ducha con otros 30 machos hace que siempre estén presentes las bromas sobre el tamaño del pene de cada uno.

Se estima que el tamaño del pene erecto es de aproximadamente 5.8 pulgadas de largo (14,5 centímetros de longitud) y de unas 5 pulgadas de circunferencia (12,7 cm.).

De acuerdo con una encuesta publicada en Wikipedia que fue realizada con un grupo de 1.500 varones el resultado indica que el tamaño del pene erecto promedio era de 6 pulgadas (15 cm) de largo por 5 pulgadas de ancho (12,7 cm de circunferencia).

En otros estudios los resultados confirmaron que el tamaño medio del pene en el mundo es de 5.6 pulgadas (14 centímetros), siendo ésta también la media española. La mayor media la tiene Francia, con 6.4 pulgadas (16 cm). En Italia la medida media es 6 pulgadas (15 cm) y en Alemania

5.75 pulgadas (14,5 cm). En Estados Unidos el promedio es de 5.16 pulgadas (12,9 cm), mientras que en Venezuela es 5.08 pulgadas (12,7 cm.) y en Brasil 4.95 pulgadas (12,4 cm). Las medias más pequeñas se encontraron en India (4.08 pulgadas = 10,2 cm) y en Corea del Sur (3.84 pulgadas = 9,6 cm).

Todos somos entidades sexuales, pero los hombres no podemos evitar ser representados por nuestros genitales, lo que a veces imprime creencias equivocadas sobre nuestra sexualidad. Ello origina conflictos internos que pueden dar como resultado un bloqueo o negación de la auténtica dimensión que el placer nos proporciona

Así como hay hombres con penes más grandes que otros, también hay mujeres con cavidades vaginales de tamaño diverso. Siempre, repito, siempre, hay alguien que estará agradecido/a de "nuestra medida". Nuestra experiencia sexual está condicionada a lo que creemos que somos y a lo que creemos que valemos en una cama y, por lo general, no hay dos experiencias iguales.

Mucha gente, hombres y mujeres, viven obsesionados sobre sus genitales y eso hace que se distancien de las mejores experiencias que puede tener un ser biológico: salud perfecta, abundancia material, felicidad espiritual y sexo sublime.

No hay que amilanarse con los tamaños, todo lo anterior está allí sobre la mesa de la vida, esperando que juguemos el juego de las paradojas.

2) Si te atreves, haz un inventario mental de tu sexualidad durante la adolescencia.

Luego de ello, perdónate a ti mismo por aquello que aún te pueda mortificar y para tus compinches de las travesuras de entonces o "posibles víctimas" de tu aprendizaje envíales un pensamiento de amor y compasión desde lo más profundo de tu corazón.

3) Recuerda la curiosidad sexual y los juegos de tu pubertad. Cómo era tocar y que te toquen. Mira cómo se relacionan aquellos deseos y fantasías con tu vida sexual actual. Busca similitudes y diferencias y trabaja sobre aquellas que crees que aún te obsesionan: quédate con las que te causen placer y descarta de tu mente las que te incomoden.

4) La circuncisión es la extirpación o amputación del prepucio del pene, lo que deja al descubierto la cabeza del miembro, llamada glande.

Según datos de la Organización Mundial de la Salud publicados en el 2006, el 30 por ciento de los hombres del mundo era circunciso. Un año más tarde, la ONU recomendó la circuncisión masculina como una intervención importante para reducir el riesgo de contagio del virus del Sida por vía heterosexual.

Lo cierto es que en Europa, donde la mayoría de los hombres no están circuncidados, hay una menor tasa de cáncer de pene, infecciones urinarias, e infecciones por VIH que en EEUU, donde la mayoría de los hombres están circuncidados.

La circuncisión no se recomienda como una práctica médica preventiva, ya que el glande del pene constantemente descubierto se ve expuesto a todo tipo de influencias, tales como el roce con la ropa de vestir que, con el tiempo, lo hacen menos sensible a la estimulación sexual.

El prepucio (la piel que se corta en la circuncisión) está dotado con terminaciones nerviosas, es un órgano funcional que protege las zonas erógenas del pene fláccido y tiene un papel importante en los estímulos sensoriales durante la actividad sexual. Algunos grupos consideran, que la circuncisión neonatal es una mutilación de tejidos sanos y funcionales, y por lo tanto constituye una violación a la integridad física de un ser humano, que por su edad no puede decidir por cuenta propia.

5) La predestinación es una doctrina religiosa, bajo la cual se discute la relación entre el principio de las cosas y el destino de las cosas.

En ocasiones se utiliza para referirse a las ideas que se ven como parte del destino, de esta manera el resultado es finalmente determinado por la interacción compleja de múltiples fuerzas, posiblemente de otras dimensiones.

Desde un punto de vista multidimensional, las relaciones sexuales no ocurren al azar y algunos encuentros carnales son puentes de situaciones que necesitan soluciones de otras dimensiones. ¿No has estado con alguien que durante el coito crees que ya le habías conocido en otro tiempo o lugar?

En estos tiempos acelerados en que vivimos, tratando de resolver conflictos de vidas pasadas, el sexo puede ser, además, una puerta kármica que atraiga amantes espaciales con los que debamos cerrar algún tema pendiente.

Desde otro nivel de conciencia podemos reinterpretar situaciones con mayor claridad y liberar bloqueos de la energía victima/verdugo que nos mantiene a nosotros y a otros en un patrón que gira incesantemente sin llegar jamás al perdón sanador. Se hace imperativo abrazar nuestro poder espiritual para sanar nuestra maltrecha identidad sexual.

Ahora, te sugiero que mires hacia atrás en tu vida y pienses cuáles de tus parejas crees que pudo aparecer en tu vida como parte una predestinación. Medita sobre ello. Quítales la carga emocional a los recuerdos y perdónate por los errores cometidos, luego regocíjate por los buenos momentos.

Después de ello intenta hacer lo mismo con los recuerdos sobre tu ex pareja: libérala de las culpas (las suyas y las tuyas) y luego bendícela por los buenos recuerdos... cuando lo hagas, de seguro podrás caminar por la vida con una mochila menos en tu espalda. ¡Suerte!

Un mirón en el alero

Capítulo Tres

Vagar por los techos del barrio y espiar a las personas era la actividad más importante de mi universo.

A los 12 años me encantaba trepar por las casas del vecindario y mirar a la gente en sus espacios íntimos. Me sentía realmente libre al poder caminar de un lado a otro cruzando por los techos de mi cuadra.

La altísima pared del cine Normandie me impedía seguir las correrías más allá de ese límite en la mitad de la cuadra, que era algo así como un freno físico a mi obsesión y a mi placer. Usualmente me dedicaba a husmear en las casas ajenas, lo cual era especialmente excitante cuando las sirvientas se bañaban con la ventana entreabierta o las señoras de la casa se cambiaban frente al espejo.

Pero nada se comparaba con las tardes de verano, cuando las vecinas gemelas tomaban sol en la terraza con minúsculas bikinis y sus pechos al aire en compañía de algunas amigas, con las que comentaban sus aventuras sexuales.

Mientras espiaba los cuerpos de esas diosas veintiañeras tostándose casi desnudas al sol, en mis entrañas terrenales crecía un fuego que aún no sabía cómo manifestarse, pero que yo intuía que explotaría en el momento menos pensado.

Otra de mis satisfacciones para combatir el ocio preadolescente era el fútbol, cita a la que acudía puntualmente casi todas las tardes en el patio detrás de la iglesia parroquial del barrio. Para acortar el camino cruzaba por los techos de las casas vecinas hasta llegar a un terreno baldío cercano.

Un día, cuando bajé para llegar hasta la cancha de fútbol, me tropecé con dos vagabundos que habían instalado sus pocas pertenencias debajo de una improvisada tienda de cartones viejos y carteles usados. Sus ropas estaban sucias y rotas, lo que hacía que sus aspectos desaliñados lucieran más feroces. El tufo a alcohol y mugre era más que elocuente.

Cuando los vi, nada más aterrizar del salto desde un tejado cercano, quedé petrificado. Uno de ellos estaba en cuclillas junto a un pequeño fuego calentando algo en una lata negra por el hollín. El otro salía de orinar detrás de una higuera. Yo no tenía escapatoria. Había caído del cielo y la única salida posible era pasar entre ellos.

Intenté una disculpa. "Voy a la Iglesia", dije entre inocente y santurrón buscando algo de caridad. Apuré el paso mientras percibía cómo la comunicación visual entre ellos se hacía más intensa. No necesitaron hablar. Empezaron a correr, a cazarme, literalmente, mientras yo corría como una presa asustada. La salida hacia la cancha de fútbol había sido bloqueada con unas maderas. Esquivé varios matojos que ya eran arbustos, pero ninguno era lo suficientemente alto como para permitirme trepar nuevamente hasta un techo salvador.

Ambos me seguían como dos elefantes heridos; torpes y peligrosos. Intenté escalar un muro y allí sentí la garra de uno de ellos en mi tobillo. El otro me tomó por los hombros y antes de que pudiera darme cuenta estaba tumbado boca abajo en medio del aquel terreno baldío.

Luché con fiereza mientras uno de ellos me ahogaba los gritos con su mano apestosa. El otro intentaba bajarme los pantalones cortos mientras yo pateaba sin cesar. Pude zafar la cabeza, tomar una bocanada sanadora de aire y gritar fuerte pidiendo ayuda.

Uno de ellos tomó una piedra y vi su mano dibujada contra el sol del otoño. ("Es el fin", pensé).

Un vecino que escuchó los gritos desde el patio de su casa se asomó de repente sobre la tapia de una de las paredes del yermo terreno.

– ¿Qué carajo pasa aquí?, gritó con vehemencia Raúl (así se llamaba aquel vecino, quien representaba la última oportunidad para salvar mi hombría). Los vagabundos se quedaron congelados, instante suficiente que aproveché para zafarme de sus garras y correr hacia la pared.

– Quieren violarme, grité con mis últimas fuerzas, mientras me subía los pantalones y acomodaba las ropas.

Raúl tenía un grueso cinturón de cuero enrollado en la mano por dos vueltas y la hebilla de metal aparecía como un péndulo amenazante.

– Se largan ahora mismo y no los quiero volver a ver por acá, gritó con autoridad, mientras con la vista me indicaba que me alejara.

Ni corto ni perezoso trepé la pared medianera y me refugié detrás de ese hombre vociferante. Mientras los vagabundos recogían sus pertenencias, Raúl corrió hasta su cuarto ante mi desesperada mirada de terror por dejarme solo un instante. Volvió a treparse en la pared con un viejo, pero intimidante, revólver calibre .22. Puso en la recámara del arma las últimas cuatro balas que tenía en el cajón de su mesa de noche y apuntó hacia los vagabundos.

- Si los veo de nuevo por acá, les vacío el cargador, les gritó asomado desde la tapia del patio de su casa. Media hora más tarde, tras cerciorarse de que los vagabundos se habían marchado del lugar, Raúl me acompañó hasta la puerta de mi casa.

- ¿Estás bien?, me preguntó varias veces.

- Sí, sí, respondí sin dejar de temblar y pensando sólo en quitarme la ropa y darme un urgente baño de agua hirviendo.

Sin saber muy bien porqué, la noticia cobró vida propia y circuló de boca en boca. Tres horas más tarde en el barrio no se hablaba de otra cosa. Había preferido no decir nada, pero mi padre se enteró y me interrogó sobre el asunto con una hipotética delicadeza. Lo que más le preocupaba era si se había consumado la penetración anal, porque en ese caso debería revisarme un médico. Me hizo esta pregunta mientras un cliente del negocio escuchaba descaradamente, sin disimulo, desde el otro lado de una estantería. Era un policía de civil, según supe luego.

Esa noche, al salir a hacer un mandado hogareño, los chicos de la pandilla más brava estaban parados en la esquina de enfrente.

- Chau mamita, gritó uno de ellos.

Mi corazón sintió cada letra como si la estuvieran tatuando en mi propia carne.

– ¿Te gustó?, vociferó un segundo.

("Por Dios, qué poca creatividad", pensé).

– No te preocupes, mañana regresan, aulló otro ante el festejo del grupo.

Ya de vuelta, con la compra bajo el brazo, yo volvía preparado para soportar otra andanada de ácidos comentarios. Ese día iba a descubrir qué crueles podemos ser los humanos con el dolor ajeno.

Cuando les vi de nuevo supe que no tendría escapatoria, que tendría que enfrentarme a ellos. También en ese instante supe que mi vida mejoraría y que ellos jamás podrían salir del hoyo que significaba aquella esquina, aquel barrio, aquel estilo de vida miserable que era un reflejo de lo que habitaba en sus corazones.

Eran cinco o seis y ya habían cruzado la calle para esperarme. El primero de ellos, que supuestamente era mi amigo, pero evidentemente debía ganar respeto frente a la pandilla, dijo algo que seguramente había estado practicando. En realidad no pude escucharlo bien debido a los festejos anticipados y las risotadas del grupo, que ahogaron el final de la sentencia. Por el rabo del ojo lo vi tomándose los genitales; subiendo y bajando su mano por lo que debería ser su miembro ("Muy grande para ser cierto", me dije).

Sin pensarlo dos veces, y lleno de rencor, escupí con ponzoña: "Eso mismo necesita tu madre".

Tras varios segundos de silencio e incredulidad corrieron hacia mí y me cercaron.

– ¿Qué dijiste?, preguntó con tono desafiante un muchacho de cabello teñido de rubio.

– ¿Necesitas a tus amigos para que te defiendan?, riposté para evitar el castigo grupal y poder parearme uno contra uno. Cuando el rubio intentó quitarme la compra de las manos, no lo pensé dos veces y le pegué el mejor cabezazo de mi vida. Corto, seco; le di con la frente de lleno a la nariz. Cuando el rubio retrocedió con la cara llena de sangre, no lo dejé pensar (el que pega primero, pega dos veces dice la regla de la calle), lo acomodé con un recto de derecha mientras con la izquierda defendía la bolsa de la compra. El resto de la pandilla se abalanzó sobre mí y ya estaba preparado para recibir una paliza descomunal cuando apareció otra vez mi salvador. Raúl bajó del trolebús justo cuando el primer golpe se estrelló contra mi oreja provocándome un sonoro ruido. Nos separó con voz autoritaria y volvió a acompañarme hasta la puerta de mi casa.

Esa noche, mirando las estrellas desde la ventana de mi cuarto, decidí que no podía seguir viviendo con esa humillación, ni de esa manera.

A la mañana siguiente fui a la escuela, que resultó un oasis comparado con el comportamiento de los intimidantes pendencieros del barrio. Las horas pasaban lentas y lejanas, como en una película europea. A la salida de clases me encaminé hasta el edificio Astor, que era entonces el más alto de la ciudad, con 21 pisos.

Allí vivían los López, amigos de mi padre y cuyos hijos eran mis ocasionales compañeros de juegos. El guardia me había visto entrar un par de veces, así que no habría problemas en franquear la entrada. ("El uniforme de la escuela ayudará", pensé).

Saludé al guardia con un movimiento de cabeza y me colé detrás de una doña que abría la puerta de cristal. En el ascensor marqué el piso 21. Una vez allí, subí por la escalera de servicio y llegué a la cima, cubierta de antenas y tenderetes. Caminé hasta la cornisa, dejé mis libros acomodados junto a un panel eléctrico ("alguien los podrá usar el año que viene", reflexioné con mi lógica natural) y me dispuse a contemplar el mundo por última vez. ("Deberías dejar una nota", me dijo al pasar la parte analítica de mi mente, pero decidí no hacerle caso. La decisión ya estaba hecha).

Ahí estaba, solo, con mis crueles circunstancias a cuestas. Herido y mancillado sin haber sido ni herido ni mancillado. ("El dolor no está en mi cuerpo, es más allá, me quema por dentro, arde en mi corazón y debo borrarlo", me repetía a mí mismo desde la noche anterior).

Empecé a caminar hasta el borde de la cornisa. Puse los pies en el filo del cemento. El cielo estaba encapotado más allá del río Paraná. Llovía sobre las islas lejanas; la vista era estupenda. ("Es un buen día para acabar con esto", pensé).

Parado al borde de la cornisa y mientras hacía equilibrio contra el viento, una voz me susurró al oído: "Hay muchas imágenes así de bellas, que aún no has visto en este mundo".

Cuando giré la cabeza descubrí aquella presencia vestida como un príncipe oriental, con turbante dorado, además de cinturón y sandalias con ribetes del mismo color, que me hablaba sobre un mundo mejor y de los miles de amaneceres que aún me quedaban por vivir.

Su presencia me hizo perder el balance, el convidado retrocedió y se sentó en la cornisa invitándome con su cabeza a que lo imitara, cosa que hice sin pensarlo dos veces. Sabía que no podía ser una presencia física, pero era tan real que era imposible ignorarla. Hablamos un rato y el príncipe me contó del plan divino que tenía Dios para mi; del limbo donde permanecen los suicidas hasta que pueden volver a la Tierra a terminar las tareas inconclusas de sus anteriores existencias; de los hermosos amaneceres que hay en el desierto donde él había crecido y de lo bello que se veía el río ese día.

Cuando volteé hacia el río, tuve una horrible sensación de pánico. Mis pies colgaban en el vacío y la impresión del vértigo ya se apoderaba de mis caderas. Supe que si no me movía rápido, el terror inmovilizaría mis piernas a causa del vértigo. Estiré la mano hacia el muro y subí lentamente sin mirar hacia atrás, hasta que quedé sentado junto a los libros en la terraza.

Respiré con dificultad hasta que pude llenar de aire mis pulmones y recuperar la cordura. Pasado el aturdimiento, recogí mis cosas, caminé hasta la entrada del ascensor y bajé sin prisa del edificio. Luego caminé algo mareado por el Boulevard Oroño, ajeno al ruido del tránsito. Unos metros más adelante me detuve y miré hacia arriba, hacia la terraza del edificio, buscando al príncipe en la cornisa, pero obviamente no lo hallé.

Sonreí para mi interior, me prometí a mí mismo una vida mejor, lejos de aquellos miserables tormentos, y supe desde ese instante que la entidad con forma de príncipe camina a mi lado por todos los senderos de la vida.

Comentarios del autor al lector:

1) ¿Te dejó alguna enseñanza este cuento? (Repásalas y escríbelas). En mi caso, por los años subsiguientes a este intento de agresión sexual tuve un sentimiento de culpa muy grande por lo que me había ocurrido. Si bien pude escapar a tiempo, este fantasma me persiguió por muchos años.

El sólo pensarlo me producía un asco indescriptible; cada vez que pensaba en ello sentía el hedor a podredumbre de aquellos hombres sobre mi cuerpo.

Sin embargo, la burla de mis pares, los comentarios de mis amigos y familiares muchas veces fueron peores que la agresión en sí misma.

Durante los siguientes cuatro o cinco años que siguieron al fallido intento de violación, tuve aproximadamente una pelea por semana contra compañeros, amigos y conocidos que se burlaban de mí, del hecho, de lo que nunca pasó. Ojos negros, párpados violetas, labios partidos y dientes rotos, además de miles de hematomas y chichones, fueron parte de esa terrible época de entrada a la adolescencia, en la que sentía que tenía que demostrar mi inocencia a golpes.

Lo peor es que cuando yo ganaba la pelea, solía venir luego el hermano mayor o algún otro pariente del agredido a reclamar venganza y empezaba así otra pelea. El pleito muchas veces terminaba gracias a la intervención de vecinos y transeúntes o con la llegada de Pabla, mi brava ama de casa, quien esgrimía amenazante la manija de hierro de subir el toldo del negocio familiar para acabar las hostilidades.

Poder contarte esto hoy significa haber superado mucho dolor; abrir una pesada lápida y dejar salir el fétido olor, para después poder asomarme a ese desagradable recuerdo e ir sanando de a poco.

Pero lo cuento para que también podamos ayudar a otras víctimas de agresión sexual, ya sea con nuestro apoyo moral o simplemente evitando las burlas que podrían terminar de hundirlos en una depresión de consecuencias funestas.

2) ¿Sabías que las perversiones hacia niños y adolescentes son mayormente cometidas por hombres adultos? Busca la manera de proteger a los niños y adolescentes de tu familia y tu entorno. Háblales sobre los peligros que pueden encontrarse en la calle y hasta en la casa. Es menester que ellos sepan cómo protegerse y a quién o adónde acudir en caso que se sientan acechados sexualmente.

Pero más importante aún puede ser que los adultos sepamos interpretar las señales de un niño o un adolescente que es molestado sexualmente. Busca información al respecto, oriéntate y, si es necesario, prepara una guía escrita para repartir en tu círculo inmediato y en tu barrio.

3) Espiar a la gente puede ser una práctica común en la niñez. Pero al llegar a la adolescencia, el vouyer, el "ligón" o "mirón" se excita con las

visiones y puede caer en una conducta enfermiza si no está consciente de cuándo frenar.

No podemos negar que mirar es parte de la excitación sexual, ya que el desnudo (y qué mejor que ver a nuestra/o partenaire desnudándose) ayuda a la actividad sexual normal.

La diferencia entre espiar o no, estriba siempre en el consentimiento de la otra persona. Algunos autores sostienen que los voyeuristas adultos suelen ser personas tímidas durante su adolescencia y con cierta dificultad para iniciar o mantener relaciones de pareja, mientras que otros advierten sobre los peligros de pasar del vouyerismo a la adicción por la pornografía y/o a disfrutar al ser testigo de situaciones de sufrimiento o desgracia de otras personas.

4) La violación siempre es un acto terrible. En el hombre el impacto psicológico es tal que desmorona hasta su imagen de macho continuador de la especie.

Muchos juristas consideran la violación como uno de los delitos más graves, sólo detrás del asesinato o la mutilación, porque el asesinato, en todos los casos, y la mutilación, en muchos, son irrecuperables, y tras una violación es muy difícil de recuperarse psicológicamente.

Cuando se considera que la recuperación psicológica es muy difícil o prácticamente imposible, como cuando la violación sucede en la infancia de la víctima, en muchos países occidentales se juzga el delito como más grave y la pena suele ser semejante a la del homicidio.

5) En caso de ser víctima de un ataque sexual o una violación NO debes bañarte de inmediato, si no que debes acudir a un centro hospitalario y exigir que sigan el protocolo para estos casos.

En numerosos países se utiliza lo que se conoce en inglés como "Rape kit", equipo donde se recolecta muestras y se guarda evidencia biológica (principalmente ADN) que luego puede ser utilizada para condenar al agresor.

6) ¿Conoces los síntomas de un suicida en potencia? ¿Sabes que la depresión está considerada la mayor causa de suicidios en el mundo?

La humillación constituye un factor importantísimo para alimentar la depresión. Busca luz en tu corazón antes de criticar a los demás e iluminación en tus actos antes de condenar las acciones de otros.

Morbosa curiosidad

Capítulo Cuatro

Abel desarrolló desde muy temprano en su vida un sexto sentido para detectar situaciones comprometedoras, especialmente los avances de índole sexual.

En su época de escuela primaria ya podía ver a padres y maestros que con alguna mirada ponían en situación comprometedora a alguna de las madres que a diario dejaba a sus párvulos en la puerta de aquella sagrada institución privada de enseñanza católica.

Había detectado hasta curas que salían a recibir siempre a las mismas madres con efusivos y largos saludos con algunas de ellas. En algunos casos estaba más que justificado pues los padres de algunos de esos niños ricos eran los principales colaboradores monetarios de las mejoras que se inventaban los sacerdotes cada año para recaudar fondos, pero en otros casos la condición humana de aquellos hermanos en sotana se reflejaba en sus ojos cargados de lujuria.

En su barrio, Abel percibía amoríos entre los residentes con sólo ver a una pareja de vecinos hablando casualmente... que luego el tiempo, algunas veces con escándalos de matrimonios contiguos mediante, se encargaba de confirmar sus sospechas.

Abel tenía algo, un sexto sentido, un radar, un don, una percepción extrasensorial que detectaba las feromonas en acción.

Pero no fue hasta que pasó su cumpleaños número 13 que comenzó a sentir los primeros acercamientos de su propio sexo. Podía percibir a los homosexuales entre curas, maestros, clientes de su padre y demás "traga sables", nombre con el que la chusma había bautizado a esos hombres que eran "diferentes".

Entre los más chicos comenzaba a visualizar las primeras tendencias y los retoños "torcidos", como los identificaban en su barrio marginal. Al mismo tiempo, algunos de sus amigos y compañeros de fechorías de entonces fueron descubriendo que el sexo podía ser una carrera rentable como bujarrón, sodomita o "taxi boy", como le dicen ahora.

Todo se aceleró cuando apareció por el barrio el "petiso" Ramírez, un hombre de aspecto desaliñado que pisaba los 40 años. Solía aparecer cerca del crepúsculo, ese momento cuando la tarde pinta las nubes con los colores violetas del ocaso y comienzan las primeras sombras de la noche. Ramírez se sentaba en el bar Villamil, en una de las mesas que había sobre la acera y, desde allí, tiraba sus anzuelos.

Las tiernas sardinitas a las que buscaba pescar eran los adolescentes que formaban parte del equipo del fútbol juvenil de aquel barrio trabajador.

El "petiso" era un personaje muy mentado por los mayores, pues era bien guapetón a la hora de pelear. Sin embargo, su fama de excelente boxeador no cuadraba con las historias de homosexualismo que se atribuían a sus espaldas tras su partida de aquellos bares de segunda clase. Le decían "petiso", pues era regordete y bajito como los caballos que se usan para jugar al polo. Lo cierto es que el Ramírez se derretía por los adolescentes del barrio.

Abel era uno de ellos, bello, audaz y por demás despreocupado. Los homosexuales despertaban curiosidad en él. No entendía porqué los demás hombres de su barrio despreciaban a estos personajes como si tuvieran lepra, cuando la mayoría de ellos eran personas cultas y refinadas a pesar de llevar una doble vida. No se daba cuenta qué era lo que en él atraía, pero esa curiosidad lo convirtió en un imán para ellos. Podía olerlos a la distancia. Los descubría por una mirada, por un gesto, por el movimiento de sus ojos o por una discreta insinuación.

La casa de Abel estaba sobre la Avenida Salta y su padre no dejaba de señalarle que de esa calle de enfrente para el sur comenzaba "la ruta del pecado". Efectivamente, una cuadra más allá de la primera calle paralela a la avenida, la fisonomía del barrio se empobrecía y los viejos edificios escondían detrás de sus fachadas su otro rostro: los conventillos, esa vecindad donde un número indeterminado de personas compartía un número indeterminado de cuartos.

Había que ser bastante pobre para vivir allí, lugar donde las esperanzas eran tan pequeñas como el tamaño del cuarto, que muchas veces acomodaba familias enteras. Los baños de cada vecindad estaban al final del pasillo de cada piso si había suerte, de lo contrario había que bajar las escaleras hasta la planta baja para encontrar uno.

En esos ambientes pescaba el "petiso" a sus jóvenes víctimas. Varios integrantes del equipo de juvenil fútbol compartían con él sus fechorías sexuales a cambio de cosas tan triviales, pero a veces inalcanzables para ellos, como entradas al cine, pizzas y cervezas en el bar. Los más atrevidos conseguían algún paseo o visita a un centro de entretenimiento más caro.

La vida era muy dura en aquel suburbio donde se fundían los obreros y los marginales, ese arrabal sobre cuyas vidas el resto de la sociedad no suele llevar un balance, ya que las sociedades modernas tienden a ignorar la pobreza y le dan la espalda a los más necesitados.

Luis Daniel era uno de los chicos más lindos del barrio, el nene hermoso del grupo. Las niñas y hasta las adultas de aquel distrito suspiraban por él y cuando unos meses más tarde este grupo de amigos llegó al centro de la ciudad con sus incursiones desfachatadas, descubrieron que sus técnicas de levante al lado del mancebo agraciado funcionaban también más allá del radio de sus muros conocidos.

Como era guapo y joven, Luis Daniel tenía una novia de barrio, hija de un conocido empresario, un nuevo rico de aquel entonces, a la que veía a escondidas durante algunos minutos a la salida de la escuela o en algunas tardes furtivas sin el consentimiento paterno. La niña rica iba a un colegio de monjas y, como casi todas las muchachas de aquella secundaria, se mojaba en su ropa íntima cada vez que ese efebo rubio con aire de Brad Pitt la esperaba en la esquina tras el bullicio de la salida escolar.

A su lado, Luis Daniel tenía siempre a un par de rémoras, que como los pichones del tiburón se disputaban las presas que sobraban en ese uniforme colegial granate como el vino tinto. Abel era uno de ellos.

Claro que, como en los conventillos, eso era sólo una fachada de sus vidas, pues su naturaleza, cual tiburones cebados, pedía carne.

Los fines de semana por las noches este singular grupo adolescente partía a bailar rumbo a los pueblos aledaños de aquella metrópoli, luego de dejar a las novias quinceañeras en la seguridad del hogar paterno.

El lugar preferido por esos incipientes marginales se llamaba Macacos y quedaba en Cañada de Gómez, un pueblo a 45 minutos en tren de la ciudad de Rosario, lugar donde vivían. Allí recalaban con su pinta exótica, casi todos menores de edad, pero con toda la moda de la ciudad en medio de la noche pueblerina. Pantalones acampanados ("bell bottoms" les decían en USA), zapatacones con plataforma, pelos largos con rulos, rizos y bucles; pulseras de plata o muñequeras de cuero, collares hechos con clavos de herrero; camisas multicolores, poleras de cuello doble ("turtle neck") y toda la desfachatez propia de la adolescencia multiplicada al cuadrado en aquellos primeros años de los 70.

Tal vez por eso los dejaban entrar en las discotecas de los pueblos vecinos sin muchas preguntas a pesar de que en su mayoría eran menores de edad. También es cierto que a muchas mujeres del lugar, de casi todas las edades, les gustaba bailar y mostrarse con los forasteros y que las más audaces pagaban con su carne ante el desenfadado deseo sexual que ellos traían a cuestas. Abel consiguió tener, a sus 16 años, una pareja de 21, a la que sus amigas y parientes miraban con asco mientras se retorcían en la pista de baile primero y en la plaza del pueblo después. Ella reía y se tomaba la vida en broma mientras sus amigas esperaban por un príncipe azul que las llevara lejos de la soledad de aquellos campos.

Eran unos viajes llenos de sexo, alcohol y desenfreno, reflejo de la locura adolescente que los marcó a todos para siempre.

En el crepúsculo de una tarde inundada por la humedad del verano local, el "petiso" Ramírez vio llegar al flaco 'Pindonga' y a Abel en una moto y observó a los adolescentes del barrio arremolinarse junto a ellos, sonrió para sus adentros y supo que allí había una veta para el filón de su apetito sexual. El flaco y Abel se habían robado la moto en la arenera, una playa improvisada junto a la orilla del río Paraná en la que los barcos depositaban su carga de polvo amarillo durante la semana y que servía de refugio para tomar sol durante los fines de semana del verano.

Sin saber muy bien cómo, Abel logró prender aquella Siambretta 125 y llevársela, muy feliz con su travesura. En el patio de la casa de su amigo "el Chino" la despintaron con removedor de pintura, le cambiaron los espejos (robados también a otra moto) le agregaron varios aditamentos para hacerla diferente, le colocaron una patente falsa y la volvieron a pintar de otro color, tras lo cual pasó a ser el vehículo oficial de servicio del imberbe grupo.

Dos semanas más tarde, el "petiso" apareció al comando de una Gilera 250 CC, una moto que era un verdadero caballito del pavimento. La táctica era simple: primero llevaba a su víctima a dar una vuelta en la moto y luego se la prestaba para que la manejara. Él iba sentado detrás del joven conductor, excitándose con el contacto de los cuerpos. Después, de vuelta al bar, pizzas y cervezas hasta tarde y luego sexo con el conductor de turno o con alguno de los amigos que este le llevaba de "regalo" como retribución por el préstamo de la moto.

A las pocas semanas, Luis Daniel era prácticamente el dueño y señor de la moto Gilera 250. Dejaba al "petiso" temprano en el trabajo y aparecía en el barrio con la moto junto a una pasajera distinta cada día. Tampoco el "petiso" era exclusivo de nadie.

Una tarde de aquellas, con el estío en su apogeo, el "petiso" apareció en una galería de juegos adonde Abel acostumbraba a entrar con una identificación falsa que lo acreditaba como mayor de 18 años. El lugar estaba lleno de máquinas electrónicas, "flippers" (pin-balls), metegoles y otros juegos, y contaba, además, con una cantina en el medio.

Abel comía una pizza cuando descubrió que lo miraban desde el otro rincón de la barra. El diminuto homosexual caminó hacia él con cautela de serpiente venenosa a punto de morder a su presa. Hablaron algunas tonterías, pero ambos ya intuían el final. El "petiso" pidió tres o cuatro cervezas para cada uno, pagó también por su comida, le compró varias fichas para los juegos y al final lo invitó a un hotel de mala muerte donde decía que estaba alojado.

Abel sintió una disyuntiva. Su corazón palpitaba con fuerza. No entendía muy bien qué le pasada, estaba mareado por las cervezas y por el morbo que sentía. Su curiosidad peleaba palmo a palmo con aquella sensación que le revolvía los intestinos ante la idea que le producía prostituirse. No sabía que intentaba demostrarse.

El "petiso" pidió cuatro cervezas para llevar y Abel asintió. No se trataba ya del niño que quería descubrir sensaciones; se trataba del adolescente que quería eliminar una duda y mil fantasmas.

Caminaron algunos metros entre el bullicio del tránsito y subieron por una angosta escalera hasta un segundo piso lleno de puertas. Ya en el cuarto se metieron en la cama en calzoncillos, que prontamente perdieron entre las sábanas. Cuando el "petiso" intentó besarlo en la boca, Abel viró su cara espantada hacia el otro lado y ese desaire fue una clara advertencia y una raya en la arena: nada de lengua, esto no es amor.

Entonces Ramírez tomó su miembro con maestría y comenzó a realizarle una felación. Luego lo masturbó hasta que sintió su pene tan duro que pensó que podía romper nueces con su glande. El "petiso" gimió para que lo penetrara, cosa que Abel no hizo. Todo lo contrario, la idea lo asustó y estaba a punto de entrar en pánico, con ganas de salir corriendo. Lo único que se le ocurrió fue decir que la cosa había llegado hasta allí.

Abel se puso de pie, casi paralizado por haber caído en la trampa; respiraba con dificultad mientras el miedo y las cervezas embotaban su entendimiento. Su mente buscaba aclararse para poder salir entero de esa habitación.

El lado femenino que habitaba en el marica dio paso a un hombre enfurecido. Abel temió que se desatara una violencia sin vuelta atrás, por lo que tomó la lámpara de la mesa de noche y amenazó con matarlo. Ante tanta firmeza demostrada, el "petiso" comenzó a llorar, se arrodilló junto a Abel y se derritió como un fondeau pegajoso. Abel sintió que se masturbaba sigiloso mientras enroscaba su pierna en él. Sin soltar la amenazante lámpara de su mano, sintió el semen caliente de Ramírez derramarse sobre su pantorrilla y supo que el éxtasis de ese personaje decadente consistía en refregarse contra una piel joven, algo así como un Drácula que necesita tocar la suave y tierna carne de un adolescente para sobrellevar su oscura existencia.

Abel fue al baño y salió vestido.

- No te vayas aún, susurró Ramírez tembloroso mientras prendía un cigarrillo cuyo humo no sabía tragar. La lástima de Abel empezaba a convertirse en asco e ira.

El "petiso" caminó desnudo hasta su ropa y el estómago de Abel casi lo traiciona al ver aquella patética imagen. Sacó unos billetes y los extendió hacia él. Ramírez intentaba seguir en control de la situación, no se daba por vencido y acudía a su vieja carta: el soborno, el pago, el dinero, el vil metal.

Abel intentó una sonrisa y contestó: "Guárdalos, esto no es por dinero. Yo no hago eso, yo no me vendo", dijo orgulloso de sí mismo como última excusa. Ramírez abrió grandes sus ojos, Abel abrió la puerta y salió con paso rápido, esquivando el último abrazo.

Ya en la calle se maldijo una y mil veces por caer en la trampa, pero simultáneamente agradeció a su ángel guardián por protegerlo y sacarlo sano y salvo de aquella pocilga.

Esa imagen ridícula, la blanca desnudez de ese cuerpo masculino casi deforme con el dinero en la mano, perseguiría a Abel por muchos años, pero a su vez cimentó en él la idea de no prostituirse nunca, ni moral ni físicamente.

Le quedaba la duda de volver a enfrentarse a ese hombre un día cualquiera, cosa que disipó algunas semanas más tarde al cruzarse en el viejo bar de la esquina de su casa. Cuando Ramírez lo vio, bajó la mirada y él lo saludó en silencio, con un movimiento de cabeza, sin rencores. El hombre que nació en Abel ese día les había dado una lección que no olvidarían jamás.

Años más tarde Abel racionalizó que al llegar hasta allí no quiso vender su cuerpo sino que tenía que probarse algo a sí mismo, pero en el camino aprendió que hay que evitar situaciones peligrosas al tiempo que descubrió que sexo y dinero no cuajaban en la matemática de su vida.

Comentarios del autor al lector:

1) Muchas veces no comprendemos el impacto psicológico que sufre un varón (adolescente o preadolescente) cuando es tocado por un hombre, aunque no sea penetrado.

En muchas culturas latinoamericanas se le impone al macho un mecanismo de defensa que implica que el hombre debe penetrar para mostrar su valía, mientras que el penetrado, el hombre que entrega su ano (ya sea por placer o por violación) es defenestrado como homosexual por el resto de su vida.

Como Abel, yo viví una experiencia que fue un hecho irresuelto por muchos años; más de 30 para ser exactos, hasta que pude escribirlo y encontré el poder para liberarme de aquel tormentoso suceso.

Qué estúpidos y arrogantes solemos ser durante la adolescencia al creer que podemos dominar una situación, cuando en realidad caemos en una trampa. Nunca pude descifrar en qué estaba pensando cuando le dije si "al Ramírez de turno".

¿Por qué decimos que sí cuando no estamos seguros de lo que estamos haciendo? ¿Qué nos queremos probar a nosotros mismos? Muchas veces en la adolescencia las situaciones transgresoras pueden tornarse violentas y hasta desgraciadas. ¿Cómo fue que me metí solito en la boca del lobo?

Con el tiempo he llegado a pensar que inconscientemente intentaba solucionar, resolver o hasta enfrentar el intento de violación que había sufrido años antes. Hoy al escribir esto lo único que sé es que todas estas líneas son un intento por sanar aquellas heridas, por demostrar lo vulnerable que son los adolescentes sin una dirección correcta; cómo un equivocado concepto de libertad puede conducir a un libertinaje sin marcha atrás y cómo el instinto salvaje puede arruinar tu vida para siempre.

Mi recomendación es que debemos hablarle claro a los preadolescentes (antes de los 13) sobre sexo, en especial sobre la interacción o atracción erótica hacia individuos del mismo sexo.

Hay que explicarles -sin llegar a la homofobia- que esa práctica ha existido desde el principio de la humanidad en todas las razas, en ambos sexos y en todos los niveles sociales.

En mis años de estudiante de Psicología leí una versión que prodigaban ciertos fundamentalistas religiosos que intentaba catalogar a la homosexualidad como una enfermedad o trastorno psicológico que había que curar.

La realidad es que el homosexualismo es algo más integral, producto de variaciones culturales que conllevan las diferentes prácticas sexuales de los seres humanos.

Hay que entenderlo y compartirlo, a la vez que debemos proteger a los más pequeños de cualquier tipo de abuso físico y emocional.

2) Muchos niños están hoy en día (y desde siempre) a merced de tíos, amigos, vecinos y toda clase de depravados que buscan iniciarlos en sus ritos homosexuales.

Como adulto se puede hacer una elección, pero los niños y adolescentes siempre están más desvalidos ante estas aves rapaces que intentan prostituirlos.

No puedo menos que intentar aconsejar a padres y maestros que sepan interpretar las señales que muestra un niño o adolescente que es obligado a tener contacto sexual por un adulto o un niño mayor.

De acuerdo a la Academia Americana de Pediatras dos de cada 10 mujeres y uno de cada 10 hombres dicen haber sufrido abusos sexuales durante su niñez en actos donde el abusador usó fuerza física, soborno, intimidación, trucos o sencillamente se aprovechó de su falta de conocimiento sobre el sexo.

En 8 de cada 10 casos reportados el menor conocía a la persona y frecuentemente el abusador es una persona con imagen de autoridad a la que el niño confía o ama.

Según los pediatras, los siguientes actos de un adulto o un niño mayor se consideran abusos sexuales:

Acariciar los genitales de un niño.

Convencer a un niño que le acaricie los genitales.

Hacer contacto con los genitales de un niño con la boca

Tocar al niño con los genitales

Penetrar la vagina o el ano de un menor

Enseñarle los genitales a un niño

Enseñarle pornografía a un niño

Utilizar a un niño como modelo para hacer pornografía.

Muchos menores creen que el abuso sexual es su culpa y que los castigarán si descubren lo que está pasando, por lo que se recomienda a los padres que estén pendientes de los siguientes cambios de comportamiento de su hija/o, los cuales pueden ser síntomas de un abuso sexual:

• Temor reciente y obvio hacia una persona (hasta un padre o tío) o hacia ciertos lugares

• Una reacción no normal ni anticipada cuando se le pregunte si alguien lo ha tocado

• Dibujos que muestran actos sexuales

• Cambios de comportamiento repentinos, tal como orinarse en la cama o pérdida del control de las evacuaciones

• Una toma de conciencia repentina de los órganos genitales

• Actos y palabras sexuales compartidas con otros niños o animales

• Preguntas sobre la actividad sexual que no son apropiadas para su edad

• Cambios en los hábitos de dormir, tal como pesadillas en los más pequeños

• Estreñimiento o miedo a evacuar

Las señales físicas del abuso pueden incluir:

• Dolor, enrojecimiento o sangre en el ano o los órganos genitales

• Secreción inusual del ano o la vagina

• Enfermedades de transmisión sexual, como la gonorrea, clamidia o verrugas genitales

• Frecuentes infecciones urinarias en las niñas

• Embarazo en las jóvenes

Los pediatras recomiendan que si un niño habla sobre un abuso sexual, se le escuche atentamente y se tome el asunto en serio, explicándole al menor que no es su culpa. Déle mucho amor, hágalo sentir cómodo y tranquilo. Si usted está enojado, es importante que su niño sepa que no está enojado con él y que le va a ayudar. Dígale al menor qué valiente es por haberle dicho esto y que entiende el temor que él o ella siente. Esto es especialmente importante si un amigo de la familia o un familiar es el abusador.

Luego proteja a su niño contra más abuso; discuta el problema con un médico y reporte el abuso a la policía o a la agencia local para la protección de menores. Los padres no deben de intentar parar el abuso sexual por sí mismos. Es importante que ante cada caso de abuso sexual se haga una denuncia policial y una consulta legal sobre cómo clasificar ese delito, ya sea actos lascivos, exposición deshonesta, sodomía, etc., para actuar con el recurso correspondiente contra el agresor.

3) Si eres un adolescente, piensa cómo te sientes cada vez que observas el avance sexual de una persona de tu mismo sexo hacia ti. Identifica qué es ese sentimiento: ¿ira, placer, asco, curiosidad, morbo, devaneo, fantasía? Luego pregúntate porqué y crea una lista de acciones a seguir para hacer en cada caso.

Es importante que pienses de manera compasiva sobre tus semejantes del mismo sexo. Intenta siempre mantener tu integridad, pero con la puerta abierta hacia la tolerancia.

Si eres un imán para los homosexuales, pregúntate, cuál es tu actitud. Piensa en ello y mantén la firmeza de tu espíritu al respecto. Si encuentras que lo tienes resuelto, pasa la página, de lo contrario ponte a pensar que hay diversidad de comportamientos sexuales y no todos tienen que gustarnos. Trabaja en mantener una mente abierta, que pueda disentir pero sin violencia.

4) La represión, la homofobia y las creencias religiosas muchas veces obligan a los homosexuales a esconder su orientación fingiendo ante la sociedad tener una orientación heterosexual, lo que se conoce popularmente como estar en el clóset.

Un informe del científico Alfred C. Kinsey reportó –allá por los años 50- que el 37 por ciento de los varones estadounidenses admitieron haber experimentado un orgasmo al tener contacto sexual con otro varón. La mayor parte de los estudios efectuados en EE.UU. y Europa estiman que alrededor de un 8 por ciento de los hombres y las mujeres admiten haber tenido alguna experiencia homosexual, y que alrededor del 2 por ciento admite su preferencia por experiencias exclusivamente homosexuales.

5) La homosexualidad ha estado atada a las "perversiones" o "aberraciones sexuales". Generalmente, muchos de los conceptos relativos a la orientación sexual de las personas se confunden por falta de información y por exceso de prejuicios. Edúcate, lee, pregunta y forma tu propio juicio antes de dar paso a los prejuicios.

6) Dos puntas de este conflicto son la pederastia y la homofobia.

La Pederastia es la práctica sexual entre un varón adulto y un menor de edad. Antiguamente, especialmente en Grecia, definía la relación entre un adolescente y un adulto, pero en la actualidad la palabra pederastia se emplea para designar el abuso sexual contra niños, aunque algunos códigos civiles sólo contemplan el castigo bajo el término de sodomía.

Con el auge de Internet los pederastas son un peligro in crescendo para intercambiar pornografía infantil. Las imágenes que se suelen ver por Internet proceden de lo que la Policía europea llama intercambio "altruista". Normalmente no son colocadas por organizaciones, sino por los propios pederastas, que muchas veces las obtienen de su entorno familiar (hijos, sobrinos, hijos de vecinos, etc.).

Los pederastas se infiltran a menudo en chats de adolescentes, haciéndose pasar por personas de su misma edad y consiguiendo en algunos casos que lleguen a desnudarse frente a una webcam. También intentan obtener sus teléfonos para tratar de lograr un contacto real. Lo más usual es que el pederasta entre en un chat, se registre con un apodo y abra una sala de usuario en la que, en apenas media hora, puede intercambiar decenas de fotos y vídeos, hasta que realiza un contacto real.

Por otro lado, la homofobia es la aversión, el odio irracional, el miedo, el prejuicio o la discriminación contra hombres o mujeres homosexuales, aunque también suele incluirse a las demás personas que integran la diversidad sexual como, bisexuales, transexuales y transgéneros.

Estas actitudes sobre la comunidad homosexual están muy extendidas por las diversas sociedades, siendo generalmente inversamente proporcional al desarrollo económico, democrático, cultural y urbano de una sociedad. En países como Arabia Saudita, los Emiratos Árabes Unidos, Irán, Mauritania, Nigeria, Pakistán, Sudán y Yemen, los homosexuales se exponen a la pena capital, mientras que también es perseguida y castigada en Bangladesh, Bhután, Guyana, Indias, las Islas Maldivas, Nepal, Singapur y Uganda.

Sierva del placer

Capítulo Cinco

Susana era una mujer muy bonita, de esas que paran el tránsito. Bien formada y llena de curvas a pesar de su baja estatura. Tenía un rostro fresco; su pelo rubio recogido hacia atrás en una cola de caballo hacía resaltar sus facciones, especialmente sus pómulos altos y sus ojos azules, que resplandecían como las aguas de una bahía del Mar Caribe.

Su suéter siempre ajustado al cuerpo dejaba entrever pechos de considerable tamaño y una pequeña cintura que contrastaba con el ancho de sus caderas redondas. Sus glúteos, firmes y parados, eran un abierto desafío a la ley de gravedad, mientras que sus piernas eran cortas pero bien torneadas.

Desde que Pabla se había casado y marchado de mi hogar, mi madre andaba a la caza de una buena sirvienta. Una señora pasaba esporádicamente a ayudarla en la limpieza, pero era una "señora prestada", que trabajaba en otra casa y en sus días libres acudía a "hacer el favor" y ganarse unos pesos extras. Existían varios códigos no escritos entre las amas de casa de mi barrio, que se cumplían a rajatabla en ese universo femenino y uno de ellos era el de no robarse las sirvientas.

Mi vieja casa era grande. Tenía un negocio de ropa masculina al frente que atendían alternadamente mis padres, luego había un salón comedor (con camas en las que dormía junto a mis hermanos), el cuarto de mis padres, un baño, la cocina y otro bañito. Todas esas dependencias daban a un gigantesco y florido patio, con la parrilla siempre lista para el carbón y el asado.

Existía, además una buhardilla a la cual se accedía por una vieja y gastada escalera de hierro que estaba al aire libre en el fondo del patio.

Cuando Pabla (nuestra sirvienta de toda la vida) se marchó de mi hogar, yo tomé posesión del desván. Fue algo así como un gesto de emancipación a mis 14 años. El lugar estaba lleno de cajas y pedazos de maniquíes viejos junto a otras trasteras que sobraban del negocio paterno y que ocupaban buena parte de aquel espacio. Pinté las paredes de celeste y los muebles de blanco y violeta, lo que enfureció a mi padre, que asociaba el color lila con elementos lésbicos y arrancó varias carcajadas de mi madre que siempre acompañaba jubilosa mis iniciativas.

Desarmé mi cama, la subí al altillo y me instalé allí. Con casi 15 años mis sueños de independencia habían ganado una de sus primeras batallas: tener un cuarto propio.

Una tarde de otoño, cuando las hojas comenzaban a caer desde los árboles, un personaje del barrio, un tipo flaco que se pasaba el día en el bar de la esquina levantando apuestas de carreras de caballos y quiniela clandestina, llegó hasta el negocio paterno acompañando a Susana. Explicó que ella acababa de llegar del campo, como le decían a los pueblos del interior de la provincia y que andaba buscando trabajo.

- Vengan más tarde y hablen con mi mujer, les dijo mi padre, antes de despacharlos con su habitual altanería. Los hombres de entonces no se inmiscuían en los asuntos del hogar y menos este señor, que vivía emborrachado de soberbia.

Así fue que dos o tres días más tarde me encontré a Susana lavando el baño de mi casa mientras yo en pijamas y con mi miembro erecto iba en busca de aliviar la urgencia matutina de mi vejiga. Ambos nos sorprendimos y hasta nos ruborizamos simultáneamente.

"Pase, adelante", me dijo ella mientras se incorporaba detrás del bidet quitándose los guantes de goma.

"Tranquila, termina tu trabajo, yo usaré el otro baño", dije con torpeza y lagañas en los ojos mientras mis manos tapaban disimuladamente el mástil que asomaba en la entrepierna del pijama. Salí apurado del baño, pero por el espejo del botiquín pude ver una sonrisa entre maliciosa y tierna en el rostro de aquella hermosa mujer.

Más tarde, cuando bajé de mi refugio a desayunar, encontré la mesa lista.

- Hola, soy Susana, espero que le gusten las tostadas. Hice varias pues no sé cuántas va a comer, dijo ella mientras me servía una taza de café con leche.

- Está bien, balbuceé como única respuesta.

Desayuné en silencio, espiándola por encima de la taza.

En los días siguientes nos cruzamos varias veces, en situaciones menos embarazosas que la primera vez, hasta que una tarde, al llegar de la escuela, mi madre estaba en el desván reacomodando los muebles.

- Susana se va a quedar permanentemente con nosotros y va a dormir aquí arriba, dijo.

- ¿Aquí?, pregunté tratando de contener la ira.

- Si, aquí y se acabó la discusión, me espetó la doña mientras terminaba de vestir la nueva cama.

(De inmediato, descubrí que mi diablillo interior estaba de fiesta. Como le había escuchado decir a mi abuelo Benigno: "El universo es generoso", reflexioné mientras comenzaba a soñar en cómo espiar a la nueva huésped).

La primera noche, cuando ella llegó al desván, yo ya estaba en la cama desde hacía media hora, leyendo. Me saludó cortésmente y con algo de resignación comenzó a desvestirse sentada en su cama. Metió sus manos en el suéter y tras algunas maromas se quitó el sostén. Me di vuelta hacia la pared mientras ella siguió su rutina.

- Gracias, buenas noches, susurró ella antes de apagar la luz.

("Sumé puntos en el primer round", pensé antes de dejar volar mi imaginación).

Al día siguiente me desperté decidido a lograr que cada uno tuviera algo de privacidad.

Por la tarde moví varios muebles, puse cada cama junto a las paredes más distantes y en el medio acomodé el ropero de forma transversal, de manera que el cuarto quedara prácticamente dividido en dos y cada uno tuviera su propio espacio.

Cuando Susana vio aquello, su sonrisa iluminó la noche.

- Gracias, eres muy dulce, me dijo y para mi sorpresa me dio un beso en la mejilla. La punta de la comisura de sus labios tocó los míos. Ella se dio cuenta y con cierta coquetería me dio las buenas noches, mientras mis ojos seguían absortos enfocados en esa minifalda bamboleante que sobre las botas negras de cuero se movía como una gelatina.

Cuando ella prendió la luz de la mesa de noche, comenzó el show.

Su cuerpo desvistiéndose se reflejaba en la pared, que hacía las veces de una pantalla gigante. Cuando vi sus senos redondos al aire proyectados en la sombra, mis hormonas explotaron. Fueron apenas unos segundos en los que se puso el camisón de dormir, pero suficientes como para romperme la inocencia y cargar más leña en el fogón de mi libido. Ella se sentó sobre la cama y terminó de cambiarse. Sentí sus botas caer al piso y escuché claramente cuando sus panty medias se deslizaron hasta los tobillos. Puse más atención y escuché otro deslizamiento clave. Sin despegar mis ojos de la sombra advertí aquel movimiento sutil de su cadera y supe que sus bragas habían caído. ("¡Oh Dios mío!, duerme desnuda", pensé).

Ella apagó la luz y yo mordí mis nudillos mientras emití un suspiro sin sonido. Di varias vueltas en la cama, muy incómodo, antes de encontrar algo de sosiego. Me abracé a la almohada con brazos y piernas y así, en la posición del niño en el vientre de la madre, me dejé ir a la dimensión de los sueños.

Esa misma dinámica se repitió por varias noches.

Ella prolongaba su strip-tease cada vez más y yo, para entonces, ya sabía que estaba jugando conmigo.

Normalmente, al caer la tarde solía vagar por los techos del vecindario espiando algunas casas en busca de alguna mujer media desnuda. Era un vouyer de fino gusto y lo bueno es que siempre pescaba algo. Una sirvienta cambiándose, alguna señora o las hijas de los vecinos en ropas menores, discusiones, conversaciones y otros etcéteras sin mucha importancia para mis ambiciones. Esa noche en mi paseo por los techos descubrí a Susana y al tipo flaco en el umbral de un pasillo del vecindario. Era miércoles, su noche de salida, y allí estaban, en plena despedida.

El flaco hablaba y gesticulaba con los brazos, yo no podía escuchar muy bien por la distancia, pero intuía que el tipo rogaba por sexo. La besaba en el cuello y maniobraba para acariciarle el trasero. Ella permanecía pegada a su cuerpo y repetía un "No" tras otro con la cabeza. El flaco le tomó una mano y la llevó dentro de su pantalón. Vi el brazo de Susana moverse con precisión de cirujano hasta que él le tomó la cabeza con una mano e intentó llevarla hasta su miembro. Susana se resistió y lucharon por un momento hasta que él se derritió como un cuadro húmedo contra la pared. Ella sacó su mano de aquella entrepierna ahora desahogada, la secó en su abrigo, le dio un beso formal de despedida y partió deprisa.

Corrí por la noche entre los techos hasta llegar a mi terraza y bajé sigilosamente hasta el desván. Escuché la ducha del baño de abajo y me acosté sobre el piso del balcón de la buhardilla para poder espiar mejor. Desde allí pude ver por la ventana entreabierta sobre la puerta del baño el cuerpo desnudo de Susana, que se enjabonaba y se refregaba con vigor.

Sus senos eran perfectas, como lo había soñado; sus nalgas, grandes y firmes, su piel blanca uniforme; jamás podría olvidar aquella imagen que se parecía a una estatua del jardín griego donde de niño me llevaban a pasear. Comencé a marearme, no sabía si era por mirar demasiado para abajo o por la ilusión de esa visión que me regalaba el tragaluz. Ella se secó rápidamente y subió por las escaleras del viejo patio. Yo fingía que estudiaba y ojeaba unos mapas de mi clase de Geografía de tercer año.

- Hola, dijo ella fríamente y desapareció tras el ropero.

Me abrigué y salí a enfriarme un poco; tenía demasiada libido a punto de explotar.

- ¿Dónde vas a esta hora?, son casi las nueve, increpó mi madre.

- Al quiosco o la farmacia, a ver si consigo un mapa, respondí con una rápida excusa. Me asombré a mí mismo por la velocidad de mi mentira y al sentirme como un mago que saca un conejo de la galera.

- Siempre dejas todo para el final, respondió ella resignada.

Dí un par de vueltas y regresé. Mi madre cosía botones en las camisas sentada en el comedor mientras velaba el sueño de mis hermanos. Mi padre, de juerga, como casi todas las noches.

Besé a mi madre con ternura, como lo hacía siempre, y me despedí. Subí las escaleras como de costumbre, saltando sobre los escalones de dos en dos y al final me encontré con Susana fumando en el balcón.

- Hola. Me asusté, no te había visto, balbuceé para salir del paso mientras intentaba entrar al cuarto. Ella tiró el cigarrillo al piso, lo apagó con la suela de su bota y también se dispuso a entrar, pero cual si fuera un baile sincronizado quedamos prácticamente atrapados frente a frente en el marco de la puerta.

Sentí su aliento a nicotina mezclado con perfume barato. Ella estaba un peldaño más arriba y percibí su sexo pegado al mío. La vida no me daría otra oportunidad de oro como esa, así que sin pensarlo dos veces la tomé por la cintura y la pegué contra mi cuerpo. Su semblante cambió; la malicia apareció en los ojos de Susana, quien tras observarme un momento con detenimiento me plantó un soberano beso que yo respondí con mis mejores argumentos.

La besé de un lado y del otro, cambié mi cara de posición, jugué con la punta de la lengua y apreté con profundidad hacia lo desconocido; mordisqueé sus labios y la seguí besando hasta que me dolió la quijada. La arrastré adentro del cuarto, cerré la puerta con llave y lamí su cuello como un perro faldero. Ella metió sus manos debajo de mi camisa y acarició mi espalda con frenesí. Cuando puse mis manos en aquellos senos que me producían insomnio, sentí sus uñas clavarse en mi lomo.

Pero cuando bajé la mano para llegar hasta su sexo, se acabó la diversión.

- Tranquilo, hoy no puedo, dijo ella con resignación. Estiró su falda y su ropa interior y dejó entrever unas compresas blancas entre sus piernas. Yo me recreé en aquellos bellos púbicos afeitados: tenía dos bigotitos tipo Hitler, sobre cada lado de sus labios mayores.

Ante esa cara de admiración, ella prolongó el momento, luego se acomodó la ropa interior y cerró su falda. Luego le tomé la mano y chupé esos dedos con candor; ella tomó mi mano y besó los míos también.

- En un par de días seré toda tuya, sentenció Susana con un mohín de prepotencia.

De sólo pensarlo, un chorro ardiente subió desde mis entrañas. Ella se fue a acostar; yo a lavar la hombría que se había derramado en mis pantalones.

Al día siguiente fui a la escuela con una inusitada euforia. Las clases eran largas y pesadas, pero no me importaba mucho pues permanecí todo el día en una nube pensando en el bizcocho que me esperaba y fantaseando con las diferentes posiciones en las que me iba a dar ese banquete.

Esa tarde, cuando bajé del autobús al regresar de la escuela, divisé a Susana que lloraba en una esquina consolada por el tipo flaco y el hijo del farmacéutico, quien vivía platónicamente enamorado de mi sirvienta. Crucé la calle apurado y al llegar a mi casa encontré un gran escándalo.

Mi padre y mi madre refunfuñaban desde esquinas opuestas del negocio familiar. Doña

Elvira, una vieja vecina de la cuadra, intentaba calmar a mi madre y le advertía sobre su presión alta.

No me atreví a preguntar nada, pero igual mi madre me anticipó el ciclón.

- El rufián de tu padre andaba cortejando a esa putita de sirvienta que teníamos, gritó para que todos los presentes la escucharan.

- Solo le regalé un cinturón, replicó el viejo desde una esquina del negocio.

- Para acostarte con ella, respondió mi madre con odio.

Doña Elvira me contó que el lío se destapó cuando Susana estaba lavando el patio y al parecer mi padre la "avanzó" mientras mi madre andaba de compras por el mercado. Para sacárselo de encima ella le había derramado un balde de agua en los pies, tras lo cual el hombre su puso furioso y comenzó a recriminarle cosas.

A todo esto, seguía la doña con el relato, mi madre se había sentido mal en el mercado (su sexto sentido era muy bien conocido por todos en el vecindario) y volvió a la casa para encontrarse con el escándalo en pleno apogeo. ("Al menos no los encontró en la cama", pensé).

En medio del lío, Susana reveló los avances de mi padre y el regalo que le había hecho.

(Mi abuelo siempre me hablaba de la dignidad ante la adversidad.

"Parece que ella tiene algo de eso ahora", me dije a mí mismo).

Mi padre desmintió todo -como también decía mi abuelo que debe hacer todo marido que se precie- y remató con otra mentira: que el cinturón en cuestión se lo había olvidado una clienta en el probador y por eso se lo había regalado.

("Ops, pequeño fallo -sonreí para mis adentros- el negocio era de artículos para hombres... ¿qué hacía un cinturón de mujer en el probador de los hombres? Fue un buen intento del viejo, pero tiene un lado flojo", razoné en silencio como abogado del diablo).

Seguí el relato incrédulo, sin habla, mientras Doña Elvira cerraba la valija y enfilaba rumbo a la esquina para entregarle a Susana la maleta con su ropa.

No lo podía creer, mi ansiada gran noche de sexo se esfumaba. Era increíble, mis fantasías se derrumbaban como un castillo de naipes ante el soplo del cruel destino.

Estuve desorientado por un largo tiempo. Patidifuso, conmocionado interiormente.

Días después comencé a buscarla con discretas preguntas aquí y allá. Susana desapareció del barrio y no la volví a ver. Todos sabían que no iba a encontrar trabajo en las casas de aquellas amas de casa celosas de su hogar y de sus maridos.

Con los años comprendí que la vida me dio una lección que entonces no llegué a entender, pero que se repitió de manera cíclica a través de mi vida: para ser puro de corazón hay que tener tranquilidad espiritual. La mente debe triunfar sobre la sensualidad.

En otras palabras, como me diría mi maestra de yoga 30 años después de aquel incidente: "La pureza significa una vida libre de toda inquietud, de todo pensamiento licencioso y transgresor para poder superar la tortura de las fantasías sexuales...".

En aquella época primaria de mis energías sexuales había aprendido cuán difícil es manejar la fuerza de la pasión. Susana nunca sería mía, ni de mi padre, ni siquiera del tipo flaco o del farmacéutico que la protegía con intenciones ocultas. Ella era una máquina productora de feromonas, dueña absoluta de su energía sexual. Su poder era autónomo a todos los deseos de los hombres y excedía la demanda carnal de cada uno de ellos.

Aquel imborrable día había llegado hasta el preámbulo de la hazaña. Entonces descubrí que debía seguir mi camino sabiendo que con el amanecer de cada día siempre existe la posibilidad de hallar otro arco iris.

Comentarios del autor al lector:

1) ¡Cómo me quedé con las ganas ese día!!! esa semana!!! ese mes!!! ese año!!! Parece increíble, pero fue así. Fue la primera vez que hacía un levante de esa naturaleza en mi adolescencia y el gusto de aquel beso me acompañó por muchos años, junto con la idea primigenia de que lo que no está para uno, no llega nunca.

Por otro lado, este "incidente" me dio una confianza en mi mismo que superó todas las expectativas que tenía sobre mi humilde imagen adolescente.

Ese día descubrí que el sexo no tiene edad; que es puro deseo en acción. También con los años descubrí que muchos hombres llevamos dentro una imagen paterna a la que inconsciente y recurrentemente imitamos y convertimos sus errores en los nuestros, creando un peligroso círculo vicioso que se transmite de generación en generación.

Si eres hombre y haz tenido un padre afecto a muchas mujeres, pregúntate si en tu interior no estás buscando imitarlo. Cuantifica el daño que esto pudo haberte creado a lo largo de vida y repasa cuál es la herencia de este aspecto que les estás transmitiendo a tus propios hijos. Luego intenta enderezar tu entuerto emocional y de paso subsanar la imagen que les das a tus hijos.

El mayor reto para un equilibrio emocional es saber cómo

utilizamos nuestra energía sexual, su poder puede crear vida, pero también destruirla. Todas nuestras experiencias son un continuo aprendizaje, pero recuerda que somos esclavos de nuestras elecciones... de nuestro libre albedrío.

Para que tenga lugar una verdadera sanación interior y crecimiento espiritual a través de nuestra vida, debemos reconocer de manera justa e irreprochable qué es el sexo y cómo lo hacemos nuestro para restaurar todo aquello que es sagrado y nos falta para crecer en la vida.

2) Haz un repaso mental y pregúntate cuándo comenzaron tus aires de independencia juvenil. ¿Con quién compartías tu cuarto? ¿Qué pudiste aprender entonces que aún hoy aplicas en tu vida? Da gracias por el aprendizaje y por haber llegado hasta el día de hoy. Celebra tu vida.

3) Ejercicio para limpiar tus "pecados". (Un regalo especial para mis lectores)

A lo largo de estas historias hay un denominador común, que es la limpieza. La mayoría de las religiones coinciden en que lavar las manos (Pilatos), los pies (Jesús) y otros baños con agua (los hindúes en el Ganges) es un poderoso antídoto contra la inmoralidad.

Varios estudios científicos recientes demuestran que la limpieza física alivia la conciencia tras un comportamiento poco ético y, por ende, permite a mucha gente lavar realmente sus pecados.

Así que después de algún acto que no hayas estado del todo convencido/a... corre a bañarte, refriégate con mucho jabón; usa una esponja y deja que el agua se lleve las impurezas de ese momento, que ahora ya es parte del pasado.

4) ¿Alguna vez tuviste un sueño que luego se transformó en realidad? Sabes que así es como funciona la intuición. Escucha a tu vocecita interior. Aprende a identificarla y a desarrollarla.

5) La pubertad se refiere al proceso de cambios físicos en el cual el cuerpo de un niño se convierte en adulto. En sentido estricto, el término «pubertad» se refiere a los cambios corporales en la maduración sexual más que a los cambios psicosociales y culturales que esto conlleva.

La libido es un concepto descrito por Sigmund Freud, padre del Psicoanálisis, que se refiere a la energía vital que genera cada persona, aunque en un momento lo definió desde un punto de vista únicamente sexual.

6) Pregúntate a ti mismo si duermes vestido o desnudo/a. Cuéntate porqué.

7) Debes saber que las fantasías sexuales son representaciones mentales creadas por el propio inconsciente que tienen como tema recurrente las relaciones sexuales. Se pueden producir de forma voluntaria o involuntaria en nuestra

mente. Si bien las fantasías sexuales son poco comentadas con otras personas, son bastante comunes desde que comienzan en la pubertad y acompañan a todos los humanos durante toda su existencia.

¿Tuviste alguna fantasía sexual con una persona mayor? ¿Lograste realizarla? En inglés se llama "Puppy love" al enamoramiento de un preadolescente. Se lo cataloga así porque se lo compara con la adoración y afecto que se puede sentir por un cachorro perruno. En Latinoamérica se suele llamar "coco" o "metejón" a este tipo de enamoramiento.

8) La Infidelidad es inherente al ser humano en casi todas las culturas. En su acepción más común, la infidelidad es quebrar ese pacto tácito de mantener relaciones sexuales exclusivamente con la persona que hemos escogido libremente como pareja, pero en el matrimonio, la infidelidad se transforma en adulterio.

¿Alguna vez sufriste por un engaño dentro de tu propia casa? ¿Te fue difícil superarlo? ¿Deben los hijos tomar partido por uno de sus padres? ¿Hay que rebelarse contra el uso de los hijos como peones o botín de la guerra matrimonial? Busca las respuestas en tu interior y analízalas desde el punto más amoroso posible, evitando los juicios de tu ego.

9) Recuerda que independientemente del rumbo que tu vida haya tenido hasta aquí, siempre podemos rectificarlo... la elección es tuya; cada mañana, con la salida del sol la vida nos ofrece siempre la posibilidad de hallar un nuevo arco iris.

Endoso "on the rocks"

Capítulo Seis

Trabajar como bartender a los 25 años resultó ser algo rentable y placentero, tanto en lo referente a dinero como a mujeres.

Estar detrás de una barra mientras decenas de personas se divierten puede tener el efecto de que el trabajo se convierta también en entretenimiento.

Aquellas noches en "La Reina" eran realmente amenas. El lugar era un lujoso restaurante en el Puerto Rico de principio de los años 80, cuya barra por las tardes tenía un pianista que deleitaba a los presentes.

Para mejorar su oferta, el dueño del local, Elpidio, un gallego hecho y derecho, a pesar de que a veces se le torcía el lápiz en la suma de las cuentas de los clientes, había añadido en el menú a una cantante los jueves, viernes y sábados.

Conchita había sido una cantante de la época de oro de las grandes orquestas que dominaron los años 60 en Puerto Rico y Nueva York; en los 70 se defendió en la televisión cantando en algunos shows en vivo y en los 80 terminó refugiándose en los bares. La acompañaba el fiel Joe, un pianista consumado que con su caja de música electrónica sonaba como toda una orquesta.

El bar era frecuentado por profesionales, especialmente mayores de 40 años. En el ambiente de la barra convivían importantes abogados, ingenieros, periodistas, legisladores, empresarios y hasta el propio gobernador se daba cita allí de vez en cuando. Era la época radiante del plástico y en las tarjetas de crédito corporativas siempre había espacio para un 15 por ciento de propina. Como decía Willie, el cocinero independentista, sobre sus compatriotas: "los puertorriqueños suelen tan afectos a las reglas gringas que quieren ser más yankees que el propio presidente norteamericano".

Existían dos turnos de clientes. Uno que frecuentaba el lugar desde las cinco de la tarde hasta las nueve de la noche; normalmente compuesto por quienes hacían un alto en el camino para tomar un trago al salir de la oficina. El otro turno de clientes llegaba de nueve de la noche en adelante y estaba integrado mayormente por hombres que cenaban primero en sus hogares y luego salían a divertirse y, de paso, a ver si cazaban algo.

Dentro de ese cuadro de 40 años para arriba Abel, el barman (bartender como le dicen los americanos) era el más joven del salón con sus 25 abriles a cuestas y su simpatía aún intacta (era feliz porque "no se había casado todavía", le gustaba decir con ocurrencia). Abel sabía que varias de sus clientas suspiraban con sus chistes y verborragia, mientras que otras admiraban el ritmo de sus manos y sus caderas mientras batía la coctelera. Elpidio era un genio de la coctelería y le había enseñado la mayoría de sus trucos. Los que trabajaban en esa barra eran tipos profesionales y veloces, que hacían volar las botellas y cocteleras ante la admiración de los parroquianos.

Una tarde, una elegante señora pidió un whisky con soda, como siempre, y se dedicó a esperar a su marchante. Media hora más tarde, Abel le ofreció otro trago, que ella declinó cortésmente. Cruzaron una mirada y él, acostumbrado a leer los ojos de las mujeres, percibió la angustia en esos ojos: su cita estaba tarde y, quizás, no llegaría.

Otros hombres la invitaron a bailar y ella negó con elegancia cada envite. En su mente Abel imaginaba al amante tratando de cenar apurado con su esposa, mirando el reloj de reojo y haciendo cálculos para llegar a la cita con su querida. Entre 'Bloody Marys', piñas coladas, sangrías y canciones percibió cada vez más honda su tristeza. Al rato, Abel le refrescó el vaso con hielo y algo más de soda; sus ojos se avivaron y cruzaron otra sonrisa sin pronunciar palabra. Una hora más tarde, ella pidió la cuenta.

- Está pago, yo invito hoy, dijo Abel con cierta altanería, pero tratando de no sonar piadoso y que ella pudiera llegar a sentirse ofendida. Ella ni siquiera insistió.

- Gracias, musitó con sus labios carmesí, pero casi sin emitir sonido alguno.

Desapareció entre las parejas que bailaban apretadas uno de los boleros que seguían a la tanda de la salsa. Al llegar a la puerta volteó disimuladamente su cabeza hacia la barra, entonces Abel le regaló el mejor guiño de su ojo derecho y una sonrisa a lo George Clooney. Pudo percibir el rubor escondido detrás de su cabellera teñida de rojo brilloso antes que ella cruzara la puerta.

Los viernes en la noche el trabajo era frenético y muchas veces Abel prefería no cenar en el lugar pues no era saludable comer apurado y trabajar luego bajo presión con la barriga llena. Ese viernes, como muchos otros, se fue a comer algo al salir del trabajo. Era alrededor de la 1:30 de la madrugada y nada más aterrizar en la única tasca abierta a esas horas en los alrededores, se concentró en su sopón de camarones y en la copa de vino tinto que le acompañaban. Quedó sorprendido cuando el camarero le llevó una segunda copa de vino sin que la hubiera solicitado.

Detrás de una pecera, la clienta despechada a la que atendió en el bar le devolvía el gesto alzando su whisky con soda. Abel le agradeció con la cabeza y brindaron a la distancia, levantando sus copas al aire. Apuró su cena de medianoche y fue a la otra mesa a conversar con ella.

Hablaron algunas tonterías pasajeras y a los 10 minutos Abel decidió que tenía que acelerar los hechos, ya que eran casi las dos de la mañana. Arriba de la tasca había un hotel de segunda categoría, pero dadas las circunstancias no había mucho más para elegir.

La miró a los ojos y le pidió que lo acompañara al hotel. Ella intentó un par de excusas y explicaciones muy formales para que entendiera su "no, final y firme".

- Vive este momento; no habrá otro igual, le susurró Abel al oído mientras olía su perfume.

- La vida es hoy, el pasado no se puede cambiar y el futuro es incierto, sentenció él sabiendo que ese argumento era la última carta de su baraja.

- Pide una habitación en lo que pago mi cuenta, le ordenó ella decidida pero con ternura en los ojos.

En el mostrador le dieron la llave de la 204. La buscó en el restaurante y subieron por la escalera, sin detenerse a esperar el ascensor. Al entrar al cuarto, la imagen no podía ser más surrealista: tres de las paredes estaban pintadas del piso al techo como si fuera el fondo del mar, con buzos, tiburones y manta rayas incluidas. La cuarta pared era un estratégico espejo.

Abel no pudo aguantar la risa y las carcajadas brotaron de su boca sin control. Ella reía contagiada. Él la tomó por la cintura y comenzaron a besarse tiernamente, como dos boxeadores estudiándose en el primer asalto. La exploró con sus manos como el alfarero toca el barro por primera vez y su fuego interno creció. ("¿Tendrá algo que ver el pique que le eché al sopón?", pensó Abel en su calentura).

Se desnudaron en cámara lenta, contemplándose mutuamente, sin desesperación. Sus pechos firmes tenían forma de un domo perfecto y sus caderas de señora de las cuatro décadas estaban afirmadas sobre dos piernas blancas y bien torneadas.

Besó su cuello y luego descendió con malicia hasta el ombligo. Las manos de ella halaron sus cabellos hacia arriba con firmeza.

"Déjame ir al baño", susurró. Él la besó como si fuera una despedida. Cuando ella salió del baño, Abel entró también a lavarse, siguiendo la señal implícita sobre el aseo previo.

Cuando regresó, ella estaba tumbada boca abajo prendiendo un cigarrillo. Abel lamió sus pantorrillas y sintió que ella se derretía cuando llegó a la parte de atrás de sus rodillas.

Jugó con sus muslos y amasó sus nalgas como un bollo de pan caliente. Continuó con su recorrido hasta el cuello, lo que hizo que sus poros se reconocieran. La abrazó con fuerza por la espalda en una comunión de intenciones donde sobran las palabras.

Abel buscaba impresionarla, así que se esmeró en darle placer. Le hizo una sesión de masajes eróticos que ella disfrutó entretenida y curiosa. Él usó sus dedos para darle el primer premio, que la hizo convulsionar de éxtasis. Ella tomó sus manos para detenerlo y forcejearon, bailaron y rieron hasta que quedó sentada sobre él. Era su turno de tomar el comando.

Abel la miraba pícaramente mientras cambiaba el ritmo de su respiración para prolongar aún más el placer y controlar su eyaculación. Le encantaba ver delirar de placer a una mujer. Sus ojos estaban desorbitados, su rimel corrido, su pelo alborotado y él con la libido a punto de estallar hasta que ella descubrió su imagen reflejada en la pared/espejo.

- Estoy hecha un desastre, dijo ella mientras se retorcía entre sus piernas.

- Yo te veo hermosa, sublime y entregada, respondió Abel mientras se incorporaba sobre su espalda hasta quedar sentado frente a ella, mientras su mente se sorprendía al escuchar el vanidoso razonamiento femenino en pleno clímax.

Ella seguía moviendo sus caderas contra aquel nuevo amigo que la hacía tan feliz.

Ambos estallaron de placer y él le regaló todo su deleite sin reservas después de casi una hora de juegos interrumpidos.

Se dieron algunos besos y entre algunos mimos y caricias se quedaron dormidos (el buen sexo siempre da sueño, solía decir su buen amigo Raúl). Más tarde, luego de una ducha rápida con un jabón minúsculo y una toalla deshilachada, se despidieron sin promesas ni alharacas.

Dos o tres semanas después ella regresó al bar. Estaba radiante, con peinado de peluquería y por su vestimenta sexy era evidente que iba por él. Le regaló su mejor sonrisa mientras le servía su whisky con soda. Con el correr de la noche, Abel siguió trabajando mientras ella lo observaba desde su silla en la barra. Al salir del baño, Abel la encontró "casualmente" en el pasillo.

- ¿A qué hora sales?, preguntó ella con coquetería.

- A las dos –dijo él- pero me voy directo a casa pues a las seis de la mañana me recogen unos amigos para ir a pescar en una lancha, añadió Abel tratando de justificarse. "Llámame y lo planificamos mejor", agregó.

- Sí, tienes razón, asintió ella con tristeza. Mejor me voy y te llamo en la semana, agregó.

La verdad es que Abel ya estaba "hecho". Había estado toda la tarde con su mejor amante (esa misma mujer que luego fue su peor esposa) y no le quedaba un ápice de fuerzas ni una gota de hombría.

Esa noche, después de trabajar paró en un nuevo bar de la ciudad a tomar un trago para bajar los decibeles del trabajo. Nada más entrar se dio cuenta que la fortuna le estaba haciendo una mala jugada. La elegante señora de la larga cabellera roja estaba sentada en una mesa, masticando el hielo de su vaso y, tal vez, su desaire.

Abel la saludó con un cortés beso en la mejilla que la dejó fría frente a sus amigas y siguió para la barra. Tomó dos cervezas y bailó un par de merengues con la novia de un amigo, uno de esos tipos que no bailan y cuya mujer está deseosa de mover los huesos. Pagó su cuenta y salió sin mirar hacia atrás. Ella lo siguió hasta el estacionamiento y mientras esperaban por el valet parking intentó una invitación que sonaba a atropellada final.

- No te ofendas, le dijo Abel tomando sus manos con dulzura. Hoy no es mi mejor día. Esto no tiene nada que ver contigo, y se alegró cuando vio aparecer su jeep en la curva. Intentó despedirse con un beso en la boca; ella le ofreció discretamente su mejilla.

Una semana después, ella lo llamó al restaurante para cuadrar la próxima cita y acordaron verse dos días más tarde, el jueves siguiente, pues el viernes era feriado y ella no trabajaba.

Ese día llegó cerca de las diez de la noche con una amiga más joven. Se sentaron en los dos primeros asientos de la barra, desde donde lo veían trabajar en primer plano. Ambas estaban radiantes y secreteaban entre ellas mientras el ego de Abel se inflaba con razón aparente. A medianoche, un rato antes de cerrar la barra, ella le habló al pasar.

- Te esperamos en Chez Perico's, le sopló al oído, citando al bar del momento en la zona del Condado.

- Okey, dijo él en voz baja mientras asentía con la cabeza.

Cuando Abel llegó al lugar, ellas bebían champagne y había una copa vacía esperándolo. La mujer mayor lucía feliz y algo embriagada; la más joven un poco sonrojada; él hervía de curiosidad.

-Te presento a mi hija, disparó a quemarropa la mujer mayor de cabellera roja con forzado disimulo.

Abel contuvo la respiración.

-Vive en Maryland, cerca de Washington D.C. y está aquí de paseo. Hablamos de ti y quería que la conocieras, anunció ella mirando la copa de champagne, la que terminó de un sorbo, como queriendo tapar el embarazoso momento.

En un pase de cortesía y como para salir airoso que aquella embestida, Abel tomó las manos de ambas y las besó simultáneamente.

La mujer mayor llamó al camarero y pidió otra botella de la "Viuda", que bebieron entre chistes y anécdotas, con especial énfasis en la decoración marina de aquel hotel de segunda categoría. Al rato, ella pidió la cuenta, pagó y expresó "que se diviertan".

- Llega antes de que salga el sol, le susurró a su hija lo suficientemente alto como para que él escuchara.

- ¿Qué pretendes?, cuestionó Abel casi por obligación, pero sin inmutarse demasiado.

- Ella te lo explicará, dijo apuntando con la cabeza a su hija y desapareció antes de que se pudiera argumentar algo más.

La hija hizo silencio, miró el piso por un momento, luego tomó la copa de champagne e hizo bailar las burbujas en forma de remolino en lo que encontraba las palabras adecuadas.

- Me caso el mes que viene, confesó la hija. Vine a anunciárselo y no lo tomó muy bien. Le dije que había conocido a alguien que por primera vez en la vida me hizo sentir una mujer de verdad. Discutimos, hasta que me dijo que ella también había conocido a alguien "especial", que debía conocerte... y acá estamos, agregó la veinteañera.

Abel la tomó por la cabeza, le dio un cariñoso beso en la mejilla, pero no se apartó de ella. Le pasó los labios por la oreja y siguió con ternura y precaución hacia el cuello. Ella se estremeció, dejó la copa sobre la mesa y le pidió que fueran a bailar.

En la primera canción Abel sintió los huesos de esa pelvis pegados a su pierna derecha; frotó su muslo contra ella mientras le apretaba la espalda contra su pecho. Sus pechos redondos y duros se pegaron cual hiedra nueva contra las costillas de Abel. Ella levantó los ojos hacia él y él supo que era el momento de actuar. Se besaron con ternura mientras Armando Manzanero les regalaba un bolero desde el altoparlante.

Se dieron otros besos en otras tantas canciones hasta que Abel le preguntó si quería ir a su apartamento de soltero.

- Mi compañero de piso está de viaje con su novia y nadie nos molestará, dijo muy serio.

Ella respondió que sí con timidez y arrancaron hacia la zona de Ocean Park.

Una vez allí, tomaron una cerveza como para aclimatarse a la nueva escena y al poco rato fueron directo a lo que se habían trazado. Era una niña dulce, sin malicia. A sus veintipocos años se notaba que no tenía mucha experiencia en las lides amatorias, así que allí Abel entendió el mensaje de la madre: "enséñale un par de trucos", probablemente le habría dicho si hubiera estado presente.

La desvistió con curiosidad ante su creciente timidez. Se pararon desnudos frente a un espejo y él empezó a filosofar.

- El cuerpo humano es una maravilla, no tenemos nada que avergonzarnos de él, dijo mientras prendía un puro caribeño de primera calidad.

Le pasó el tabaco y ella abrió sus ojos en señal de sorpresa, pero no retrocedió. Ella aspiró sin alternativa y siguieron allí fumando, contemplándose de pie, desnudos frente al espejo. Entre humo y fantasías comenzó a lamerla por secciones.

Primero el cuello, luego la espalda, después sus pechos y su barriga, luego tocó su sexo con la mano derecha y ella le regaló su néctar de placer.

Abel se sentó en el borde de un sofá, puso un almohadón en el piso y le pidió que se sentara a su lado. Poco a poco la llevó hasta su miembro, que estaba erguido como un obelisco egipcio.

- Chúpalo como si fuera un rico helado de vainilla, le ordenó.

Luego le apuntó que llevara el ritmo con la mano, hasta que, 'voilá', ella ya tenía una nueva y hermosa adicción.

Sus ojos negros miraban hacia arriba buscando aprobación, mientras él se sentía como un maestro que acaba de enseñarle a sumar a sus párvulos.

Abel sacó un condón de un cajón que parecía la galera de un mago y comenzó a colocárselo con dificultad.

La puso de pie, la recostó contra el brazo del sofá y comenzó a penetrarla. Su espalda blanca lo excitaba tanto como su inocencia. Cuando descubrió aquel regalo que tenía ante sí, no pudo aguantar la tentación. Mojó su dedo índice con saliva y lo introdujo, firme pero con dulzura, en ese recto cuasi virginal. Ella brincó sin aliento, gritó de dolor, gimió de placer y tuvo un orgasmo agridulce que le hizo temblar las rodillas. Abel siguió su faena mientras ella mordía el almohadón del sillón.

Con sus piernas aún temblando tras el último orgasmo, ella se tiró al piso, mirándolo de frente, y le ofreció aquella flor anacarada. Abel se tumbó sobre ella y tuvieron acción sobre la alfombra hasta quedar sin respiración. Con una última mirada de satisfacción y el último aliento se dijeron sin hablar que aquel momento había sido un regalo de su madre.

Mas tarde se bañaron juntos y los dedos traviesos de Abel, llenos de jabón, comenzaron a hurgar en su entrepierna.

- Voy a mostrarte cuál es tu punto G, presumió él.

Ella asintió dócilmente y se entregó otra vez. Verla contorsionarse sobre su mano lo excitó sobremanera.

Luego de algunos espasmos, ella se arrodilló y comenzó a practicar la primera lección de la noche, con muy buenas notas por cierto. Cuando su erección estuvo en su punto, se sentó mojado sobre el inodoro y la sentó sobre él, mirándose de frente. Después de algunos malabares y resbalones, cogieron el ritmo y se dedicaron a gozar.

Ella lo sujetaba del cuello mientras él la asía por las nalgas hasta que hallgron la posición correcta al ritmo de su pelvis. Él untó su pulgar con saliva y frotó aquel botón rojo que rogaba por ayuda. Ella se contorsionó en un nuevo orgasmo y él sintió cómo su mástil descubría los vericuetos de aquella caverna que esperaba con ansias al espeleólogo recién graduado.

Se quedaron abrazados mientras los estertores del placer los sacudían como latigazos en el cuerpo. Chupó sus pechos otra vez en señal de agradecimiento y ella se derritió aún más en sus brazos y le regaló un largo beso.

- Déjame bañarme sola o seguiremos así "ad náuseam", explicó ella con tono de profesora y palabras domingueras que delataban su cuna de niña culta.

- Déjame mirarte, pidió él para dar paso a su placer de 'ligón'.

Ella procedió a enjabonarse con suavidad, mientras Abel contemplaba extasiado aquel cuerpo nacarado que estaba a punto de dejar partir, seguramente para siempre como le decía su intuición.

Tal como lo habían acordado, la llevó a su casa cerca de las cinco de la mañana, antes del primer rayo de sol. Suponía que su madre los espiaba detrás de la cortina del segundo piso mientras se daban aquel último beso de literal despedida. Mientras ella caminaba hacia su casa y la observaba desde el auto en marcha, Abel levantó la cabeza y le tiró un beso al cortinado de la planta alta. Se fue sin respuesta.

Mientras manejaba de vuelta por aquella autopista vacía pensó que la mamá le había dado una lección a la nena, o tal vez un regalo de bodas o una despedida de soltera. Nunca lo supo. Nunca más volvió a verlas en los años siguientes.

＊ ＿ ＠ ＠ ◉ ◐ ◉ ＠ ＿ ＊

Ayer, 15 años más tarde, Abel se cruzó con la señora, que ahora ya pisaba los 60 años, tenía el pelo más corto y de color más moderado.

Él le sonrió desde una góndola del supermercado a la vez que la miraba de forma inquisitiva.

- ¿Cómo estás?, preguntó Abel tanteando a ver si lo recordaba.

Ella lo saludó cortésmente.

-Mi hija y yo aprendimos algo muy interesante aquella vez contigo, le disparó sin preámbulos mientras lo contemplaba con una pícara sonrisa.

- Ah sí, ¿qué fue?, quiso averiguar él.

- Que el placer no tiene nada que ver con el amor, sentenció ella.

Acto seguido le contó que a pesar de sus previsiones, su hija seguía casada con aquel hombre y que tenía una nieta hermosa de siete años (algo que él intuyó acertadamente como que no le daría más detalles sobre su hija).

Abel le contó que estaba mal casado y otras cuitas de su presente, hasta que se descubrió fantaseando con otro encuentro furtivo. Quince años después del primer encuentro, aquella mujer conservaba su sex appeal.

Ella pareció leer sus pensamientos, pues lo miró con ternura mientras con el dedo índice sobre sus labios le hizo la señal universal de 'silencio'.

A continuación le dio un beso en la mejilla y se despidió cortésmente. Abel siguió aquellas exquisitas caderas con la mirada hasta que ella desapareció entre el gentío del supermercado.

De inmediato se descubrió pensando que si tuviera que inventar un trago en honor a esa dama, habría que usar champagne como elemento principal.

La hija era dulce y penetrante como un Triple-Sec le dijo su mente racional. La combinación no está mal, pero había que perfeccionarla con algún ingrediente extra, algo así como un jugo exótico, aseveró para sí mismo con una sonrisa mientras su mente no podía dejar de pensar en la mixología clásica del bar (descartó el jugo de mango y la piña (o ananá) pues el trago quedaría muy dulce, pensaba mejor en un buen cranberry o arándanos -como le dicen en Castilla- pues tiene un dejo amargo en boca y su color rojo emula la pasión.

Siempre relacionaba a las mujeres con el exótico mundo de los licores y el sugestivo mundo del vino, sin contar las que le recordaban ciertos espíritus destilados contemporáneos como el ron o la ginebra, y aquellas que olían al milenario universo de las cervezas.

Pensó en lo que le habían dicho un momento atrás y concluyó que aquella mujer además de Celestina también era especialista en mezclas. Muchas veces solemos pensar que el sexo y el amor van de la mano, cuando en realidad no siempre es así. El acto sexual es parte del flujo corporal de nuestra energía vital, mientras que el amor lo es de nuestra energía espiritual. De allí que cuando tenemos sexo con la persona que amamos, se produce un encuentro espiritual, el placer humano trasciende el plano material y son las almas las que gozan con ese éxtasis elevado.

Tal vez sea por ello que aunque a veces el placer no tiene nada que ver con el amor, ambos son complementarios pues, a pesar de que reniegan de su contraparte, viven buscándose eternamente hasta fundirse en la coctelera de la vida.

Comentarios del autor al lector:

1) El regalo de una experiencia de este tipo de una madre a su hija puede que suene políticamente incorrecto o roce el incesto. ¿Pero cómo se traspasa una experiencia de esta naturaleza?

Piénsalo: ¿Lo harías por tu hijo o tu hija?

¿Crees que tu padre o madre podría haberlo hecho por ti?

2) Amor libre vs. doble moral

El término amor libre que más se conoce actualmente se asocia a los hippies de los años 60, pero en realidad es un concepto anarquista del Siglo 19 que establece que las relaciones sentimentales y sexuales no necesitan permiso del Estado ni de iglesia alguna pues se fundamenta en un derecho voluntario del individuo.

La unión libre incluye la elección de la pareja, el ejercicio del placer sexual, la camaradería, respeto, sinceridad y consenso entre ambas partes.

En muchos países, especialmente latino-americanos, el concepto del amor libre choca con el contrato matrimonial establecido por el Derecho Civil, además de la ingerencia religiosa que también impone sus derechos y obligaciones sobre las parejas, lo que ha llevado a

ciertos sectores a tener una doble moral sobre las relaciones sexuales.

A partir de la consigna "Hagamos el amor y no la guerra", famosa en los años 60 contra la guerra de Vietnam, el amor libre fue asociado con la promiscuidad, comportamiento que es parte de una elección personal, pero que a partir de la proliferación del virus del sida dos décadas más tarde obliga a protegerse contra las enfermedades de transmisión sexual durante las relaciones ocasionales.

3) Los peligros del alcohol

Antes de seguir adelante con el tema, debo alertar sobre los peligros del alcohol.

Los riesgos que producen los tragos son bien conocidos por nuestros antepasados recientes, al punto que la Ley Seca prohibió su consumo durante muchos años del Siglo XX en países tan disímiles como Canadá, Rusia, Islandia, Noruega, Finlandia, Estados Unidos y la India.

Todavía hoy, en muchos países la Ley Seca se pone en vigor el día de las elecciones generales.

El alcohol es una droga lícita, por lo que la ingesta de brandy, whisky, anís, tequila, ron, vodka, cachaca y ginebra, entre otros productos afecta el sistema nervioso, el hígado y el corazón.

Un reciente estudio publicado por la revista Discover indica que el bebedor joven juega con fuego al consumir alcohol. "Dado que el cerebro continúa en desarrollo durante la tercera década de vida, los adolescentes que abusan del alcohol se exponen a sufrir mermas significativas en su capacidad intelectual", expone el artículo.

Claro que hay que casos y casos. No es lo mismo consumir alcohol después de comer que antes. Con el estómago lleno hay más tolerancia y menor intoxicación, por eso en las fiestas donde hay alcohol siempre debe haber picadera y mucha agua, pues tomar agua entre cado trago hidrata al cuerpo, calma la sed y reduce la resaca.

Inicialmente, el alcohol produce sensaciones de relajo y alegría, pero el consumo posterior lleva a tener visión borrosa y problemas de coordinación. Una vez que el alcohol está en el torrente sanguíneo, se esparce a casi todos los tejidos del cuerpo, lo que puede ocasionar envenenamiento y hasta la muerte.

Cuando el alcohol llega a la sangre (entre 30 y 90 minutos después de ser ingerido) se produce una disminución de los azúcares presentes en la circulación, lo que provoca debilidad y cansancio. Otra acción del alcohol, es que inhibe la hormona responsable de mantener el balance de los líquidos en el cuerpo, por lo que el riñón empieza a eliminar más agua de la que ingiere y hace que el organismo busque el agua en otros órganos. Esto causa que las membranas que cubren el cerebro pierdan agua y por tanto aparezca el dolor de cabeza.

Las molestias gástricas son debidas a erosiones en la mucosa del estómago producidas por el etanol, principal componente del alcohol. El ardor estomacal será mayor si se mezclan diferentes bebidas, ya que la irritación gástrica crece con los diferentes componentes ingeridos.

Así que si bebes, que sea con moderación. No conduzcas de regreso a casa (pásale la llave a un amigo) y evita todo tipo de negligencia de la que puedas arrepentirte en el futuro.

4) Compara a tu pareja (actual o pasada) con un trago o con un licor específico.

Busca detalles, si es amargo o dulce, si hay que hacer una mezcla, si hay que añadirle jugo o soda para rebajarlo... juega con ello hasta que encuentres la receta perfecta.

Luego, con las advertencias de rigor previamente explicadas, prepárala en tu casa y si tu conciencia lo permite, sírvela y compártela con tu pareja.

Mis consejos para tragos caseros:

a) Intenta una tercera parte de licor (whisky, vodka, ginebra, ron o vino, por ejemplo) con dos terceras partes de jugos. Añade un pedazo de limón y prueba a ver cómo queda. (Son variaciones del viejo y querido "Destornillador").

b) Los tragos "sour" llevan una base de una tercera parte de jarabe de goma (mezclar una parte de azúcar y dos partes de agua antes de calentar en un recipiente sobre el fuego, removiendo por un rato hasta que quede espeso como la miel) y limón, más una tercera parte de licor y un toque (splash) de soda, gaseosa o refresco. Puedes agregar cerezas (cherry), limón o una rodaja de naranja.

c) Puedes intentar versiones de caipirinha, cortando un par de limones en cuatro partes, los machacas con azúcar, le echas un par de medidas de licor blanco (ron, vodka, cachaca o ginebra), con un toque de soda o lima-limón...

d) Una versión casera de mis "Margaritas" contiene: una tercera parte de limonada; una tercera parte de licor blanco (preferentemente Tequila), dos onzas (unos 70 gramos) de Cointreau (o en su defecto Triple Sec) y un splash de soda.

¡¡¡Salud!!!

Café irlandés y sexo casual

Capítulo Siete

Cuando conocí a Beolagh pensé que a pesar de nuestras marcadas diferencias, en el fondo nos parecíamos mucho, ya que ambos nos buscábamos internamente a nosotros mismos al tiempo que huíamos de nuestros propios fantasmas.

Beolagh era un tímido irlandés que había escapado de su tierra natal huyendo de las opresiones católicas de su familia. A simple vista se veía que era un buen tipo, muy sano para aquel entorno de una capital cosmopolita como Madrid, que a veces suele comerse crudos a los más débiles. Su manejo de las relaciones interpersonales era digno de una película de Woody Allen, a quien, dicho sea de paso, se parecía un poco por su baja estatura, su cabello rojizo, sus espejuelos de pasta y su piel blanca, llena de pecas.

El destino nos había unido en un bar de amigos mutuos durante el otoño madrileño de 1986. Yo buscaba un apartamento para mudarme pues tanto a mí como a mi compañera y concubina, una madrileña de cuarenta y pocos años, nos pesaba ya la convivencia.

Llevaba casi dos meses en Madrid instalado en el piso de la señora, con quien había vivido un tórrido amorío de verano desde mi llegada a la capital española. Ahora buscaba encauzar mi vida: o volvía a mi terruño anterior, al Puerto Rico querido de las coplas de Rafael Hernández, o me quedaba en Madrid agotando mis pocos dólares y sobrevivía con trabajos free-lance como reportero, corrector de pruebas, escriba de encargo, profesor de inglés o lo que trajera el barco.

En nuestro primer encuentro, Beolagh le relataba a la dueña del bar que su compañero de piso se había marchado sin pagarle la parte de la renta que correspondía a los dos últimos meses. La dueña del bar, actuando como una Celestina circunstancial, nos presentó. Al día siguiente fui a ver el piso, lo miré, saqué cuentas –costaba menos que una pensión–, le pagué dos meses adelantados, me despedí de mi amiga-amante y me instalé en el lugar.

Apenas nos conocimos nos complementamos. Intuía a Beolagh como un tipo fiel que había llegado a España buscándose a sí mismo y huyendo de los fantasmas religiosos que le habían inculcado en su natal Irlanda.

A los dos nos gustaba leer, cocinar y caminar por las calles de Madrid. El modesto piso quedaba en Quintana, un barrio obrero de clase media por la calle de Alcalá, dos estaciones más allá de Las Ventas.

Solíamos compartir el almuerzo o la cena, dependiendo del día, y así Beolagh se enamoró de mis pastas y yo de las mil formas en que el irlandés cocinaba las papas ("papatas", les decía en su español con acento). Cuando caía el sol éramos como Dr. Jekyll y Mr. Hyde. Me gustaba salir a dar vueltas por los bares, a ver si "cazaba" alguna niña en onda de jodedera, mientras mi compañero elegía el teatro o conferencias de temas profundos a las que se podía asistir gratis gracias a las convocatorias que publicaba el diario El País, ícono entonces de lo último en la comunicación española.

Una mañana, después de dormir afuera, llegué al piso poco antes del mediodía. Beolagh preparaba algo de comer.

- Buenos días, dije mientras me quitaba el abrigo.

- Buenas, repitió el irlandés al tiempo que me examinaba por encima de las gafas.

- ¿Saliste temprano?, preguntó con fingida inocencia.

- Pernocté en casa de una novieta, en la zona de Serrano, respondí con una sonrisa de satisfacción al recordar a mi burguesa amiga.

Puse más tostadas a hacer, mientras compartíamos una taza humeante de café con leche.

- ¿Es una buena mujer?, preguntó Beolagh sonrojado por la osadía.

- Fue una buena noche, respondí mientras me echaba hacia atrás en el viejo y mullido sofá.

- Primero nos embriagamos con mis daiquiris y luego nos disfrazamos. Ella de general nazi, con botas de cuero negro, gorra militar, medias con ligueros y hasta un pequeño látigo. Yo hice de Rodolfo Valentino, envuelto en sus sábanas de satín con un pañuelo atado a la cabeza que me hacía sentir Lawrence de Arabia. Hice de caballo y de jinete, de perro y de amo y terminamos amándonos como dos posesos sobre su sofá de cuero blanco.

Beolagh escuchaba con una mezcla de admiración e incredulidad.

- Luego, cuando nos acostamos a medianoche, vimos una película sueca muy porno en la televisión española, lo que nos puso cachondos otra vez y, entre caricias y besos, gemimos juntos en otra sesión sexual larga y pausada. Ya los segundas partes me cuestan mucho más, debe ser la edad, sentencié con ironía.

Beolagh tenía 26 años; yo 30. No había demasiada diferencia de edad, pero nos separaba un mundo, uno de muy bajos instintos.

Esa noche, después de cenar y para combatir el frío navideño que se anticipaba, lo invité a compartir una copa de ron añejo que usaba como sustituto del brandy, siguiendo mis días caribeños. Fiel a sus raíces, Beolagh respondió que prefería whisky y, acto seguido, apareció con una botella de Jameson, un exquisito licor al que los irlandeses llaman el agua de la vida, por la pureza de sus ingredientes.

Después del segundo whisky, comencé a mirar a Beolagh con algo de compasión y me pregunté a mí mismo si aquel tipo no sería aún virgen.

Luego de compartir detalles sobre nuestras respectivas rutinas laborales, le pregunté con mucho tacto y delicadeza cuándo había tenido su última relación sexual. Beolagh respiró hondo y respondió que había sido hacía más de un año.

Por los granitos de su cara se podía pensar que fue hace diez, pensé, pero me mordí la lengua para no arruinar el momento.

- Fue con una enfermera inglesa, dijo Beolagh en voz baja mirando al piso.

- Trabajaba conmigo en un hospital de Londres -siguió su confesión-. Ella me protegía de las demás, que eran muy burlonas, y una noche de guardia entró a mi cuarto con una botella de whisky, bebimos, ella se embriagó y lo hicimos... Bueno, en realidad podría decirte que fue casi una violación. Ella estaba descontrolada, me desvistió con una furia que yo le desconocía y me acosó sin que yo pudiera reaccionar.

- ¿Tuviste un orgasmo?, pregunté intrigado con la historia.

- Ella primero me lavó con una toalla húmeda, luego me chupó todo, relató sonrojado el irlandés.

- ¿Yyyyy?, pregunté con curiosidad.

- Me corrí en su cara y casi me muero de vergüenza, añadió.

- Eso no es nada malo, salí de inmediato al cruce intentando una justificación machista.

- A ella pareció no gustarle mucho, pues se marchó disgustada. Pero esa misma noche se apareció más tarde en mi cuarto y comenzó a masturbarse frente a mí. Tomó mis manos y la puso sobre sus pechos... entonces, a pesar de mi borrachera, al rato tuve otra erección... ella sonrió con ojos endemoniados y se trepó sobre mi miembro sin ninguna piedad, dijo Beolagh medio enfadado.

- ¿Lo disfrutaste?, insistí mientras me servía un tercer trago de la botella del Jameson.

- En realidad pensaba que no nos estábamos protegiendo, que podía contraer alguna enfermedad venérea o que hasta podría dejarla embarazada, respondió Beolagh con voz de médico preocupado, mientras mi morbo imaginaba a la enfermera trepada sobre esa pequeña y asustada humanidad.

- ¿Esa fue tu primera vez?, solté para cambiar el tema.

- No, la segunda..... y la última, respondió el irlandés con candidez.

No quise preguntar por la primera vez. Con esta ya había tenido demasiado para un solo día.

- Yo empecé muy temprano, a los doce años, y, desgraciadamente, por vivir entregado a la búsqueda del placer carnal, he quemado muchas etapas de mi vida, añadí a manera de excusa.

Mientras se desarrollaba la conversación sentí un acto de piedad y a la vez machista: debía sacar a pasear a aquel tipo a ver si se despabilaba un poco. Sin pensarlo dos veces lo invité a recorrer varias tabernas del Madrid antiguo.

Salimos casi a las 10 de la noche. Era un día de semana por lo que no había mucha movida en la calle. Después de algunas paradas técnicas para tomar una que otra caña y algunos vasos de vino, el irlandés me llevó a un local al cual yo nunca hubiera entrado por mí mismo, pues el lugar era casi insignificante. La arquitectura consistía en un pasillo angosto con una barra a un lado, donde el tabernero sólo servía tres clases de jerez: fino, seco y amontillado.

Detrás del mostrador tenía tres barriles, uno de cada sabor y cuando se acababan, cerraba el negocio hasta el día siguiente. También había un frasco gigante de aceitunas verdes y negras, cuyas raciones el dueño servía con cada copa de jerez.

El olor del jerez es fuerte; penetrante; una bebida traicionera, que enseguida se sube a la cabeza. En las fiestas familiares mi tío Fermín siempre arrancaba antes de las comidas con un par de copas de jerez en lo que llegaba el resto de la parentela. Los domingos, cuando la familia se tardaba un poco más en llegar desde la iglesia, Fermín los recibía con la nariz roja y medio ebrio.

Al tío Fermín se parecían las dos mujeres nórdicas que con sus narices rojas se reían solas en la punta de la barra.

Después del segundo jerez (sin contar las varias copas de tinto que traíamos encima desde los otros bares) y sin pensarlo dos veces encaré para el lado de las extranjeras y empecé a chapurrear algo en inglés. Tuve que arrastrar a Beolagh hasta ellas para que me ayudara a hablar el 'difícil'. Cuando se acabó el jerez, convencí a las finlandesas de que nos acompañaran al piso a tomar 'café irlandés'. Viajamos los cuatro apretados en mi viejo y fiel Mini Cooper del ´70 (verde con el techo blanco).

La pequeña cocina del apartamento era un hervidero. Beolagh preparaba su famoso café con whisky irlandés y ellas reían con los efluvios de Baco a cuestas, cuchicheando de a ratos y cruzando miradas con nosotros como si fueran rayos láser. Una de ellas me gustaba mucho por sus nalgas redondas y paradas y una cintura pequeña, que me hacía recordar a las mujeres caribeñas, la otra tenía hermosos pechos que quedaron al descubierto detrás del apretado suéter cuando se quitó el abrigo.

En un momento dado fui a orinar y, cuando salí del baño, la pechugona estaba parada en la puerta haciendo turno para entrar. Nos miramos de manera penetrante y al acercarnos nos dimos un largo beso lleno de enigmas, que ahora trascendía las barreras del lenguaje y abría las puertas del entendimiento universal.

Intenté acariciarle los pechos, pero ella me empujó y corrió a sentarse en el inodoro. Orinaba en un ataque de risa con sus pantalones en los tobillos.

("Una imagen digna de Almodóvar", pensé).

Actué antes de que ella pudiera subirse los desgastados pantalones de lona. Abrí el agua caliente de la ducha, mojé la punta de una toalla, me arrodillé ante esa mujer cuyo nombre no sabía pronunciar aún para limpiar su sexo con cuidado y esmero. Ella se quitó el pantalón por completo y me quitó el mío casi con amor. Lavó también mi miembro y antes de empezar a secarlo yo ya tenía una erección que presagiaba placer a paladas.

La tomé en mis brazos y así, desnudos del torso para abajo, la llevé hasta mi cuarto, donde hicimos el amor entre gemidos de placer pero sin cruzar una sola palabra.

Cuando regresamos al baño, envueltos en gruesas colchas, vimos la luz de la sala aún prendida y sonreímos. Recogimos nuestros respectivos y ya fríos cafés ante la mirada incrédula de Beolagh y la sonrisa cómplice de su amiga y desaparecimos otra vez rumbo al cuarto.

Tuvimos otra sesión de juegos amatorios que empezó cuando se me ocurrió poner la nata del café irlandés en sus zonas íntimas. La pasión fue tal que casi desvencijamos por completo la vieja cama de bronce, esta vez con gritos e insultos incluidos, cada uno en su propio idioma.

Al rato golpearon la puerta de mi cuarto y la otra finlandesa apareció semidesnuda. Hablaron algo entre ellas que no entendí. La finlandesa que estaba conmigo se viró y me dijo: "Beolagh no puede!".

Una sensación de vergüenza y tristeza me corroía de pies a cabeza. Mi especie machista andaba por el piso; sonreí de manera forzosa e inventé una frase: "He never had sex before", expliqué en mi inglés casi gutural para venderles el cuento de que el irlandés era virgen.

Ellas se miraron confundidas y en medio de sus dudas contraataqué: "Go with him. Booth of you. Make his first time unforgotable", apunté en inglés de forma simpática insinuando que ambas lo iniciaran. ("Es como disparar una bengala al aire", pensé de inmediato).

La finlandesa que estaba conmigo se enchufó con la idea y arrastró a su amiga hasta el otro cuarto. Yo desaparecí hacia el aseo y luego fui a servirme el último whisky que quedaba en la botella de Jameson. Al rato fui a espiar con la intención de meterme en aquella cama, pero al ver a Beolagh en éxtasis preferí no interrumpir aquel cuadro: una de ellas lo besaba en el cuello y la boca mientras la otra estaba entretenida con sus partes privadas.

Me recosté en mi cuarto mientras a los lejos escuchaba a Beolagh jadear casi en silencio. Un rato más tarde, cuando desperté, la rubia que estaba con Beolagh dormía acurrucada a mi lado, en mi cama, espalda con espalda. Definitivamente el whisky irlandés me había pateado la cabeza, pues no la había escuchado llegar.

Me volví hacia esa espalda blanca y contemplé admirado aquella vista hermosa que la vida me ofrecía esa fría mañana de diciembre. Comencé a lamerle el cuello despacito, tanteando el panorama, hasta que aquella cristiana comenzó a frotar sus nalgas contra mi miembro. Ella comenzó a contornearse alrededor del falo hasta que la penetré y de inmediato intuí que la noche anterior se había quedado con las ganas, pues rápidamente ahogó sus gritos en la almohada y resopló con ganas mientras yo gozaba viendo el placer que me producía su placer. Sudábamos como dos fogoneros de locomotora mientras la nieve se acumulaba en la ventana. Con sus manos contra la pared, ella desataba su lujuria matutina, tratando de seguirme y complacerme.

Sin pensarlo dos veces y cruzando los dedos por pura superstición, me vacié adentro de aquel coño sin nombre. Ella volvió a dormirse sin siquiera regalarme una sonrisa.

Dormimos otro rato. Más tarde, me levanté y preparé un suculento desayuno a la americana, con huevos y tocineta, mientras ellas se cambiaban en el baño. Después les llamé a un taxi y lo pagué por adelantado para que las llevaran hasta su hotel en la Gran Vía. Ya conocía los embotellamientos del centro madrileño a esas horas de la mañana y ese día estaba decidido a no a ser parte de ellos.

Al subir al taxi, ambas me sonrieron, ("Son pura gratitud", pensé con mi natural engreimiento). Les tiré un beso con ambas manos y le ordené al taxista que partiera hacia su rumbo.

Cuando regresé al piso, Beolagh apareció enfundado en una bata de lana escocesa a cuadros que hacía juego con sus pantuflas.

- ¿Y las muchachas?, preguntó excitado.

- Se fueron, le dije y ante los ojos de asombro del irlandés rematé con un "tenían un examen de español", como para evitar el luto de la despedida.

Comimos en silencio, pero yo no podía dejar de ver la sonrisa abstraída que tenía Beolagh en sus labios.

Aquella noche lo invité a ir a bailar salsa, pero Beolagh no podía dejar de pensar en las finlandesas. Las había llamado a su hotel, donde le indicaron que habían salido rumbo a una excursión y aún no habían regresado.

En la discoteca, mientras Lalo Rodríguez pedía en la canción que lo devoren otra vez, yo saqué a bailar a una venezolana buena gente, quien luego infructuosamente intentó hacer que las caderas del irlandés siguieran el ritmo de la clave.

Mientras yo tomaba una cerveza en la barra, los miraba con satisfacción desde la distancia. Entonces el disc-jockey cambió el ritmo de la música y Joan Manuel Serrat cantó desde aquella vitrola gigante: ..."De vez en cuando la vida nos besa en la boca... de vez en cuando la vida toma café conmigo..." y allí internalicé que la noche anterior la vida se soltó el pelo y nos invitó a salir a escena con ella. Que junto a Beolagh y las finlandesas la vida se nos brindó en cueros y nos regaló un sueño tan escurridizo que hoy andábamos de puntillas para no romper el hechizo.

"Vengan tres cubatas", le ordené al dependiente detrás del mostrador; llamé a mis amigos en la pista de baile y les grité: "Chicos, vengan, vamos a brindar por la vida".

Bebimos entre risas, mientras la venezolana nos miraba divertida, sin entender aún que ya era parte de otra trilogía que estaba por escribirse.

Comentarios del autor al lector:

1) ¿Alguna vez tuviste sexo con alguien que no hayas sabido ni siquiera su nombre? ¿Lo harías hoy, si tuvieras la oportunidad?

¿Será cierto eso de que en los encuentros pasajeros, los de una noche y después no te veo más, los hombres casi siempre disfrutan más que las mujeres? ¿Qué opinas?

Supongo que ello tiene que ver con la cosa genética de la recompensa, de ver el sexo como una diversión, mientras que muchas mujeres suelen al día siguiente percibir compasión, lástima y conmiseración sobre ellas mismas, además de otros sentimientos asociados a la culpa.

En algunos estudios sobre el tema, muchas féminas aseguran sentirse usadas al cabo del sexo en la primera cita, mientras que otras criticaron a los hombres por la poca consideración mostrada.

Personalmente, creo que si hay sexo en la primera cita, hay que seguir los consejos del poema "Ustedes y nosotros", de Mario Benedetti cuando dice: ..."nosotros cuando amamos, es fácil de arreglar, con sábanas qué bueno, sin sábanas da igual".

2) ¿Compartirías tu pareja para "ayudar" a un amigo/a a iniciarse en el sexo? Piensa porqué si, o porqué no.

3) Muchas personas fantasean con tener relaciones sexuales con un/a extranjero/a al que nunca más verán luego del acto.

Pregúntate cuál es tu opinión al respecto.

4) ¿Serías capaz de experimentar sexo en grupo? Enumera qué te frena o qué te provoca esa fantasía.

5) Sexo seguro vs. sin protección: durante muchos años repartí condones entres los compañeros de mi hijo mayor en la escuela secundaria (high school le dicen los gringos). Sin embargo muchos de ellos fueron padres antes de cumplir los 18 años a pesar de mi insistencia por que usaran preservativos.

Confieso que en mis años de desenfreno sexual, usar protección no era algo que tuviera muy presente y usaba otros métodos, como el ritmo de la menstruación (se asumía –falsamente– que cuatro días antes o después del período femenino, ella tenía menos posibilidades de quedar embarazada), el coitus interruptus (donde "se retira el pene a tiempo" para eyacular fuera de la vagina) o la superstición (cruzar los dedos y rezar por que no pase nada).

La mayoría de estos métodos alternativos siempre fallaron. Algunas de mis amigas quedaron embarazadas y otras veces compartimos hongos vaginales, clamidia y otras enfermedades venéreas en cadena con nuestras amantes múltiples.

En el mundo actual, no usar condones o preservativos en una relación sexual (especialmente si es una relación nueva u ocasional) es jugar a la ruleta rusa, pues nos puede costar hasta la vida misma.

6) Muchas veces me pregunté porqué ese desenfreno, esa carrera por obtener sexo.

¿Será por que nos lo prohibieron? (Los vicios nacen de aquellas cosas que nos prohíben, repetía mi madre)

Hay mucha gente que cree que algunos hombres terminan adictos al sexo, lo cual puede ser cierto si no se "evoluciona" en esa búsqueda.

En algún momento me pregunté: ¿No será que esa aproximación al éxtasis a través del sexo conecta nuestra locura mundana con el lado espiritual?

Los conceptos sociales (y sus representantes: nuestros padres, maestros, reglas, etiquetas, religión, desinformación, etc.) nos fueron mutilando nuestro propio conocimiento sobre el disfrute sexual, cuando en realidad es a través del acto sexual que nuestra alma se conecta con los principios más fuertes y elementales de la vida misma cuando lo hace a través del corazón.

Muchas veces, equivocadamente, creemos que el éxtasis en sí mismo es la respuesta, cuando en realidad podemos hallar la iluminación a través de otras técnicas, como estar presente en el acto de una manera diferente para que la unión supere lo carnal y fluya la energía de lo espiritual.

Los orientales nos llevan años de ventaja a respecto, desde el Kama Sutra hasta el Tantra, que tanto nos cuesta aún entender, mientras que para muchos hombres occidentales el sexo significa convertirse en una máquina expendedora de semen sin criterio.

El hecho que muchas personas invoquen a Dios en pleno acto no deja de corroborarme que existe una conexión entre el éxtasis sexual y la divinidad del momento. El asunto es cómo hacerla propia, mantenerla presente y poder gozar sin que la mente nos juzgue, ni juzguemos inapropiadamente a los demás por disfrutar de ello.

Vía crucis

Capítulo Ocho

Allí estaba Abel, el hombre de carne y hueso, de rodillas en aquella iglesia ante el Jesús del madero, conectados ambos en espíritu, pidiendo el primero una señal para su atribulada vida, mientras el segundo lo miraba con su infinita compasión.

Su problema tenía nombre y apellido: su esposa, una mujer intratable, dominante, de horrible carácter y con la que ya era imposible convivir a pesar del amor que le tenía. Fue un amor a lo divino, verla fue amarla desde el primer día, pero la venda de sus ojos había comenzado a caerse.

Después del primer año de arrebato sexual, donde el delirio de sus cuerpos vivían en permanente frenesí, habían tenido varias peleas muy grandes y algunas separaciones (dos de ellas de casi un año cada una), pero volvían una y otra vez luego que las aguas bajaban a su nivel, atraídos por una lujuria que no podía contener dique alguno, ni siquiera esos que el orgullo levanta como última defensa.

Esta vez, su vida estaba más complicada que de costumbre. Abel tenía dos trabajos. Por la mañana asistía a la administración central de una universidad privada y ordenaba su trabajo como editor del periódico oficial, el cual, con su llegada, se había modernizado y ahora tenía amplia difusión entre profesores y estudiantes. Después del mediodía trabajaba como reportero de suplementos del nuevo diario de Puerto Rico.

Por aquello de que le gustaba avanzar en su vida y sabía que como periodista no haría fortuna jamás, Abel se había enrolado como estudiante de Mercadeo cuando descubrió que la universidad tenía un programa de estudio independiente para adultos.

Para llegar al ansiado título había que cursar cuatro años de estudios, pero en poco más de dos años Abel había hecho una carrera meteórica y ya cursaba su último semestre entre las corridas de sus trabajos y los escritos para sus clases. Esa semana tenía tres exámenes finales y debía entregar dos casos de investigación para poder graduarse. Además, tenía el cierre del periódico universitario encima, con fecha para impresión en las rotativas de una imprenta independiente. Gracias a la aparición de las primeras computadoras de escritorio, Abel solía hacer casi todo el trabajo en su casa, donde también escribía las entrevistas para el suplemento del diario.

En otras palabras, para poder graduarse necesitaba un poco de paz mental, al menos por una semana. Pero era imposible, ella estaba allí y la palabra paz nunca figuró en el diccionario de su vida.

Sus demandas, sus exigencias superfluas, su estilo de vida plástico, sus metas artificiales, hacían que ella interpretara la vida al revés, creyéndose que era una estrella a la que tenían que entrevistar, cuando la vida era todo lo contrario.

Así estaban, con la convivencia en nivel cero, lo que lo tenía totalmente exhausto, bloqueado, sin creatividad.

No obstante, en medio de aquella vorágine, a Abel le quedaba tiempo para el coqueteo. Con una compañera estudiante compartía inocentes cervezas a las corridas después de clase y uno que otro beso fugaz en las despedidas del estacionamiento universitario. Su presencia le tenía con el corazón latiendo más rápido que de costumbre y la "bruja", como Abel llamaba a su esposa, ya intuía que algo estaba pasando. En realidad era una infidelidad "blanca", sólo cerebral, pues no había tenido sexo con Magdalena, pero en su interior ambos sabían que era cuestión de días... o tal vez de horas.

Magdalena era una mujer imponente, de huesos grandes como dirían las comadronas. Acababa de salir de un tortuoso matrimonio y estaba intentando superar el dolor de la separación.

Cuando Abel la vio por primera vez, la descartó. ("Es demasiado bonita, no se va a fijar en mí", pensó y se dedicó a ignorarla).

A Magdalena ese desprecio pareció picarle más. Ella sabía muy bien, que media clase no dejaba de mirar su cuerpo cada vez que pasaba entre los pupitres del salón y los hombres admiraban aquellas caderas bamboleantes, gigantes, redondas, simétricas.

A Abel lo encandilaron sus ojos verdes, su melena rubia llena de rizos, su voz ronca de fumadora empedernida y su escultural figura que superaba los seis pies (un metro ochenta) sin tacos.

Una aburrida y calurosa tarde, la profesora de Bioquímica dividió la clase en cuatro grupos para que prepararan un trabajo que debía ser entregado en menos de una semana. En plena clase, Magdalena corrió una silla vacía hacia ella y con su mirada lo invitó a sentarse. Él accedió, tomó las notas de rigor al tiempo que su perfume de jazmines le inundaba con sutileza las fosas nasales y se instalaba de forma permanente en su cerebro. Al salir de la clase los cuatro integrantes del grupo decidieron terminar ese mismo día el trabajo asignado.

Como era temprano, Magdalena propuso ir a su casa: un imponente apartamento en el sector del Condado, con pisos de mármol y vista panorámica al mar y a la laguna.

¿Tu padre es traficante?, preguntó Abel con ironía nada más entrar.

- No, abogado, y a veces los defiende, respondió ella con altura.

Ambos sonrieron y allí descubrieron la picardía en el brillo de sus respectivos ojos. Hicieron el trabajo de grupo y, cuando se disponían a partir, Abel la encontró en un pasillo. Él salía del baño y ella iba hacia la cocina. Se miraron con anhelo y sin mediar palabras Abel acercó su boca a ella y le dio un beso que les supo a gloria.

Otro de los estudiantes del grupo que también iba al baño, los descubrió y discretamente anunció que se retiraba con el resto del grupo. A Abel le faltó valor para implorarle que se quedaran juntos. Bajaron todos. Se estaban despidiendo cuando Abel le dijo que debían tomar unos tragos juntos para ver ese hermoso atardecer, a lo que Magdalena accedió con buen talante.

Fueron hasta Amanda's, un bar colonial, frecuentado por bohemios, enclavado frente al mar en una colina del Viejo San

Juan, frente al fuerte San Cristóbal. El océano resplandecía con su color azul añil intenso y el viento jugaba sin piedad con sus cabellos. Hablaron, rieron, se contaron sus vidas y descubrieron que sus palpitaciones aumentaban a cada minuto mientras atrás quedaba la tristeza que habitaba en sus corazones. Las horas pasaron sin darse cuenta, el sol desapareció del horizonte mientras las copas de margaritas desfilaban a paso lento por aquella mesa que, para ese momento, era lo único que los separaba.

Ambos tenían que ir a cumplir sus compromisos, pero el tiempo no se detenía. La llevó hasta su casa y al bajar ella le regaló un tierno y profundo beso de despedida.

Con el correr de los días, las horas que Abel pasaba junto a ella aumentaban, al igual que sus charlas y sus deseos.

El conflicto con su esposa se agudizaba a pasos agigantados. Ella, que era mayor que él, estaba por cumplir 40 años e insistía de manera obsesiva en tener un hijo que no llegaba. La presión que ejercía sobre ella misma hacía que cualquier nimiedad se convirtiera en un problema insalvable. Abel la acompañaba hasta donde le daban las fuerzas, pero estaba decidido a no autodestruirse ante esas descargas emocionales que ya habían drenado sus energías. El abismo entre ellos era cada vez más palpable.

En un acto de cordura, Abel le había pedido a su esposa una tregua, que ella aceptó a regañadientes. Después del primer examen de esa semana hubo otra crisis por algo tan trivial que ya Abel ni siquiera lograba recordar, pero que debía superar para seguir adelante.

Después de un día de locos entre sus dos trabajos, un examen y la entrega de un trabajo escrito, tenía que analizar su próximo paso. Necesitaba paz antes de enfrentarse otra vez a su esposa, que ahora estaba en crisis porque el día anterior quería tener sexo a una hora determinada (la más fértil, según le había dicho el nuevo obstetra visitado –el quinto en los últimos dos años-) y a esa misma hora él tenía uno de sus exámenes finales.

Abel, por supuesto, fue a su examen. Al regreso, ella prácticamente no le habló, salvo para indicarle que separara el día y la hora exacta de lo que sería la próxima cita para consumar el acto sexual.

Anteriormente habían usado diferentes posiciones sugeridas, el termómetro y otros consejos –caseros y doctorales- como, por ejemplo cambiar los bikinis de Abel por unos "boxers" que harían que sus espermatozoides tuvieran mayor motilidad, mayor vida para llegar al ansiado óvulo.

Esa obsesión con el embarazo a él le parecía patética. Entendía que la forma en que ella lo estaba tomando era algo así como una obligación en la vida, algo así como comprar una casa, un auto, plantar un árbol o tener una colección de carteras famosas. Zapatos no le hacía falta, pues ella tenía más de 200 pares en el clóset, mientras él apenas llegaba a los 20 incluyendo sus zapatillas viejas.

Ella quería un hijo, él su diploma y ninguno de los dos estaba decidido a ceder en su empeño a pesar del otro.

Una tarde de horroroso calor un auto estaba detenido con su radiador explotado en plena vía, lo que agigantaba el embotellamiento. El sol dejaba caer sus rayos con furia entre la vorágine del tránsito, la luz roja del semáforo complicaba aún más el fluir de los vehículos. Detenido allí sin poder moverse vio una iglesia. Sin pensarlo dos veces y siguiendo su intuición, Abel enfiló el auto hacia al estacionamiento del lugar y entró.

El lugar estaba casi desierto, se sentó frente al crucifijo mayor, miró la cruz y recordó la canción: ..."No quiero cantar, ni puedo, a ese Jesús del madero sino al que anduvo en la mar...". Encendió una vela y rezó como hacía años que no lo hacía: con su corazón de niño.

Sintió que una gran fuerza universal lo consolaba y en ese abrazo cósmico recuperó fuerzas para seguir adelante.

- Dame una señal Jesús. No sé cómo continuar, le imploró en voz baja a su viejo amigo.

Dejó su mente volar y se abandonó en aquella luz celestial. No supo cuánto tiempo estuvo allí, en esas condiciones, hasta que un sacerdote de hábito franciscano apareció en la oscuridad y le indicó que iban a cerrar en pocos minutos.

Abel le agradeció con una sonrisa mientras observaba la sotana marrón gastada, el viejo rosario negro en el cuello y el cordón blanco en la cintura.

Miró hacia el altar y se despidió del madero y del otro Jesús, también saludó a los santos que recorrían el santuario en silencio junto a otros maestros celestiales. Honró con su corazón a la luz divina y salió a enfrentarse de nuevo con la vida terrenal. Afuera ya era de noche.

Al llegar a su casa le dijo a su esposa que no se pusiera tanta presión con el embarazo, que eso no era saludable para nadie. Ella lo miró desconcertada y sólo atinó a asentir con un movimiento de cabeza.

En lo que quedaba de la semana, nada lo sacó de su centro de gravedad. Estudió, rindió sus exámenes, presentó los trabajos finales, cumplió el pacto y el acto con su mujer y terminó los reportajes para el suplemento. Ese jueves le notificaron de la oficina del rector que debía asistir al día siguiente a una ceremonia de celebración conocida como "La noche de logros", donde se entregarían los diplomas a los mejores estudiantes del año.

Allí estuvo, recogió una medalla por su graduación "Magna Cum Laude" (con altos honores) pues el promedio de sus notas estaba entre los mejores de toda la universidad. Su esposa estaba allí sospechosamente sonriente. Lucía radiante con su vestido tipo tubo, color verde esmeralda.

- ¿Sospechará algo? ¿Estará buscando a su rival?, le preguntó su mente maliciosa, rogando que Magdalena no estuviera entre el público.

Cuando terminó la ceremonia, su esposa lo besó con suspicaz ternura y le entregó un sobre. Contenía una prueba de laboratorio con su nombre y el resultado decía: "+ POSITIVO".

A Abel no le cuadraban los tiempos, pero como llevaban dos años de búsqueda, no le dio mucha importancia. Lo cierto es que iban a tener un niño; un hermoso y amado ángel que llegaba como una señal profética. Era la respuesta que había pedido y un manifiesto de amor, en el verdadero significado de la palabra.

El embarazo cambió el humor de su esposa, quien se transformó en un ser angelical durante el período de gestación. Su talante se tornó dulce y amoroso, lo que transmitió luz y paz al bebé por venir. Durante las 40 semanas de gravidez aquella mujer no tuvo malos humores, ni fatigas, ni mareos, ni vómitos, ni antojos descabellados. En su iluminado rostro siempre hubo una sonrisa y hasta ponía música clásica con unos auriculares sobre su barriga para calmar al bebé.

Abel habló con Magdalena y rompió toda ilusión entre ellos. Al siguiente año ella también tuvo su propio hijo con un nuevo compañero y desde entonces ambos asisten con sus respectivos niños al cumpleaños del hijo del otro, enterrando los coqueteos de días pasados.

A partir de entonces, cada vez que Abel pasa frente a esa iglesia, sonríe mientras se persigna. Ya no hay que buscar ninguna señal; Jesús le envió una poderosa razón para vivir, le cambió el humor de su esposa y, como ñapa, le concedió un título universitario para progresar en la vida.

Comentarios del autor al lector:

1) ¿Has estado involucrado alguna vez en un amor enfermizo? ¿Cómo se soluciona una situación así? ¿Vale la pena quedarse y luchar? ¿Hay que salir de allí con el menor daño posible?

Si bien cada relación es un mundo aparte, muchos conflictos nacen por la falta de comunicación o, lo que es peor, por no saber escuchar a la persona que tenemos al lado. Cuando los problemas no se atajan en el momento nos "comemos" la rabia y explotamos luego sin razón aparente.

Esto se incrementa cuando los problemas se solucionan en la cama. Cuántas veces luego de una discusión con nuestra pareja nos reconciliamos en la cama con un sexo salvaje, instintivo, bestial, brutal….

Pero el problema -la molestia con el otro- sigue allí y suele explotar en el momento menos pensado, pues los trucos de la mente se quedan trabajando para el enfrentamiento constante y el desacuerdo permanente.

2) ¿Sabes cómo identificar una relación que te hace daño?

Cuando la comunicación falla y tu pareja intenta imponer su criterio y/o manipular tu vida a su antojo, se producen cortocircuitos internos que hay que atender antes que se vuelvan enfermizos y te afecten para siempre.

Si las crisis no se solucionan a tiempo, se corre el riesgo de perder el encanto y los intereses personales cobran más fuerza que el interés por la propia pareja.

De allí pueden surgir grandes diferencias que nos llevan a pensar qué es más importante, si el amor de tu pareja o tu sanidad mental.

Si persiste el conflicto, busca ayuda de un profesional que pueda mediar entre ambos. A veces no escuchamos ni nuestros reclamos ni los del otro y nos quedamos defendiendo una posición indefendible sólo para satisfacer a nuestro propio ego, que no es otra cosa que nuestro orgullo inflado.

En el balance final del análisis debes saber perdonar y perdonarte, de lo contrario caes en una rutina, funcionas como si no hubiera pasado nada, cuando en el fondo hay un volcán que espera el momento oportuno de hacer erupción.

¿Cómo perdonar? Condonar una ofensa, exonerar de culpa al otro, indultar el pasado, olvidar un hecho doloroso causado por nuestra pareja o tolerar una crítica son cosas difíciles de soportar en las relaciones actuales, donde la paciencia y el sacrificio escasean.

La comunicación y el entendimiento son la base para que una relación funcione plenamente. Sólo que muchas veces, por el condicionamiento social, para el hombre discutir es acallar al contrario y para una mujer es no callarse nunca... lo que produce una combinación explosiva y fértil para agrandar el problema.

Lo ideal es sentar las bases de una comunicación armoniosa donde podamos negociar nuestras preferencias con el otro. En el caso de desavenencias muy profundas o ante la defensa individual de posiciones encontradas, donde cada parte no quiere ceder su postura, busca ayuda de un tercero para que actúe como intermediario entre ambos.

3) Antes de tomar una decisión importante, habla con tu pareja sobre lo que espera cada uno del presente y del futuro. A veces las ramas de un árbol crecen en direcciones opuestas, pero cuando el tronco es firme, puede con el peso de ambas. Visualiza tu relación con el árbol. Entiende cuál es tu rama y cuál la de tu pareja, y traten juntos de echar unas raíces que puedan aguantar el peso de sus propios actos.

¿Qué pasa si no es así? Pues, a veces se pueden eliminar así las falsas expectativas que ponemos en el otro y sabemos qué parte del camino debemos seguir caminando solos por el bosque.

4) Recuerda tu época universitaria y a esa persona especial que compartió su tiempo mientras tu estudiabas y crecías. Envíale hoy las mejores vibraciones que tu corazón pueda ofrecer.

5) Cuándo fue la última vez que te arrodillaste ante Jesús para pedirle dirección en tu vida. Inténtalo otra vez más. Siempre está allí, recuerda sus palabras:

"Busca y encontrarás", "Golpea y se te abrirá". Pero recuerda que no puedes hacer trampa en el solitario, debes preguntar con tu corazón y responder con tus acciones.

• • • ◗◉◖ • • •

Este cuento pensaba acabarse aquí, pero mi editora me escribió con letras rojas en el manuscrito: "Infidelidad"; "Resignación"; "Obsesión".

Y anotó en mayúsculas (como si me estuviera gritando) "¡Trabaja con HONESTIDAD!".

Bien, aquí va la honestidad solicitada, acompañada de cierto rigor científico:

Hace algunos años (a mediados de los 90) científicos de una universidad israelí proclamaron al mundo que habían descubierto un gen en ciertos hombres asociado a la infidelidad.

Poco más de una década más tarde (2008), científicos suecos revelaron que el culpable de la infidelidad es el "alelo 334", un gen que alimenta cierta hormona en el cerebro de la mayoría de los mamíferos.

El estudio se llevó a cabo durante cinco años con unas 1.000 parejas heterosexuales en el Departamento de Epidemiología Médica y Bioestadística del Instituto Karolinska (centro médico donde cada año un comité elige al ganador del Premio Nobel de Medicina).

Mi inferencia o silogismo fue: "Yo he sido infiel. Ser infiel es algo genéticamente natural. Yo soy genéticamente natural"...

Otra prueba científica:

En el libro "Comportamiento sexual del hombre", publicado en 1948 por Alfred C. Kinsey (en lo que fue el mayor estudio científico de la sexualidad humana y donde se entrevistaron a más de 20.000 personas) se estableció que el 50 por ciento de los hombres casados de aquella época tuvo relaciones adúlteras, mientras que la cifra de las mujeres no llegaba a un 10 por ciento de admisión.

En el 2009 una investigación de la Universidad de Montreal, que siguió ese mismo patrón de investigación, estableció que 41% de los hombres y mujeres entrevistados tuvieron relaciones extramaritales. Nótese la igualdad del número en ambos sexos, lo que, además, parece indicar que unos 60 años más tarde los hombres infieles bajaron un 9 por ciento, mientras que las mujeres aumentaron en más de 30 por ciento.

En ese estudio sobre la evolución y la psicología de los adúlteros, se midió también la sospecha. Los resultados dicen que el 50 por ciento de los hombres sospecha que su pareja le será infiel en el futuro, mientras sólo el 28 por ciento de las féminas sospecha de la futura infidelidad de su pareja.

Algo que llama la atención de esa investigación es que asegura que los hombres vienen genéticamente programados para asegurarse que sus hijos son realmente suyos, mientras que ellas no desconfían tanto del tema y, además, creen que el hombre que hoy tienen a su lado las acompañará por el resto de sus días.

Cifras en el diario "Terapias de Familia y relaciones Maritales" dan cita que el 77 por ciento de las mujeres considera peor el engaño emocional que el sexual; mientras que sólo para el 13 por ciento de los hombres lo emocional es peor que el engaño sexual.

Sobre el engaño físico, el 13 por ciento de las mujeres lo considera peor que el emocional; mientras que el 84 por ciento de los hombres no le perdonaría a su pareja un contacto físico fuera de la relación....

(Conclusión: estamos todos cortados por la misma tijera)

Mi psicólogo habla de la infidelidad sobre la base de un contrato de exclusividad entre las partes. En un artículo publicado en un blog titulado "Sexo, amor y belleza", Roberto Tirigall, que además es escritor y conferencista internacional, sostiene que la infidelidad se puede dar por:

1) Un acercamiento sólo de tipo sexual (que puede ser casual o no).

2) Como resultado de conflictos conyugales o de pareja, donde están en juego no solamente aspectos pasionales o sexuales sino también sentimentales, la búsqueda de una mejor posibilidad de comunicación, el sentirse querido y respetado, etc.

3) Para disminuir la frustración e insatisfacción que le produce la relación con su pareja. Se trata de amortiguar la difícil situación que vive diariamente con su cónyuge.

4) Algunas veces las personas sienten amenazadas su libertad o la posibilidad de hacer

lo que desean y recurren a la infidelidad como una supuesta liberación.

5) Hay casos donde las personas se sumergen en la infidelidad como una manera de levantar su autoestima, mejorar su imagen personal y lograr mayor reconocimiento entre sus pares.

6) Como un estilo de vida, donde el embaucar al otro es tomado con absoluta normalidad.

(En diferentes etapas de mi vida a mi me aplicarían: Todas las anteriores...)

La dirección del blog y las sugerencias del psicólogo para trabajar con ello están en la dirección: http://sexoamorybelleza.blogspot.com/

A mi editora le recordaría que la investigación sueca sobre la promiscuidad masculina se comparó con un estudio sobre el comportamiento de los ratones machos, que son 100% monógamos.

En aquel estudio se inyectaba al ratón receptor con la mencionada hormona de la infidelidad (que según la investigación traemos los hombres ya de fábrica en nuestro ADN y está conectada con el sistema de recompensas del cerebro) y el pobre animalillo mostraba entonces "un estado positivo y de euforia" cada vez que se apareaba con "una hembra diferente", lo que a mi entender se parece a la conducta de muchos hombres.

Desde entonces suelo preguntarme ¿Será por eso que algunas mujeres nos dicen a veces que somos una rata?

Quincallero en acción

Capítulo Nueve

*L*a timidez de Beolagh para hablar con las mujeres no daba muestras de desaparecer.

Tal vez por eso cuando salía junto a mí a vagar por los bares de Madrid, no dejaba de reírse y avergonzarse con las ocurrencias y avances tipo "kamikaze" que yo realizaba sobre el sexo femenino.

Por su parte, el irlandés tenía un par de amigas, todas ellas de aspecto virginal e inocente, que acudían a tomar el té con él en nuestra sala, donde solían hablar de sus viajes por aquí y allá. Yo las miraba con rareza y ellas también a mí. La mayoría no me llamaba la atención, hasta que un día llegó Madeleine, una francesa de 17 años con caderas de mujer consumada.

Su pelo negro ensortijado y su piel del color del olivo hablaban de antepasados africanos en su sangre; moros, concluí a primera vista. Tenía los labios gruesos, pulposos y los ojos negros como una noche de tormenta.

Cuando Beolagh nos presentó, ella me miró fijo a los ojos y yo imaginé la lujuria en sus pupilas; discretamente cambió el rumbo de su mirada.

Yo creo firmemente que puedo descifrar el deseo femenino en la forma de mirar de las mujeres y en los ojos de Madeleine intuí un volcán de pasión y sensualidad. Me sentí jubiloso como un minero que encuentra una pepita con su pico y tuve la corazonada de que allí podía haber una veta para mi erotismo.

Muy a mi pesar, decidí no meter las manos en el fuego, aunque por dentro ardía cada vez que nos encontrábamos. Ella volvió muchas otras tardes y yo la saludaba de manera distante al entrar o al salir. Por respeto a mi amigo que la pretendía, intentaba ignorarla, pero era imposible. A través de los espejos y los cristales de los muebles de la casa veía con disimulo cómo ella me seguía discretamente con la mirada.

Aquellos domingos de invierno en Madrid había varias actividades soberbias que eran todo un clásico: disfrutar de un buen almuerzo a orillas del Manzanares, ir a ver un partido de fútbol o pasear por el Rastro, ese gigantesco mercado de pulgas por donde me encantaba vagar.

En ese mercadillo la actividad crecía con el día y en cada quiosco aumentaba el regateo. Entre tanta quincalla husmeaba mi pasado, revisando revistas y discos viejos, además de buscar en cada pieza de bronce un equivalente a los adornos de la casa de mi infancia o estancias de pasados no tan lejanos.

Aquel domingo vagaba cerca de la Puerta de Toledo cuando me topé con Madeleine y un par de amigas francesas. Nos sonreímos y nos besamos dos veces en las mejillas, como manda la tradición castiza. Mientras conversábamos, las amigas se alejaron hasta un puesto a comprar unos pañuelos para el cuello.

- ¿Qué rumbo llevas?, preguntó ella con displicencia, pero con sus ojos cargados de ansiedad.

- Ninguno, respondí con un mohín de "no tengo nada mejor que hacer" y así seguir su juego.

- Entonces, acompáñanos, suplicó Madeleine a manera de orden mientras sus amigas regresaban con la mítica "kufiya", el pañuelo árabe a cuadros que el líder palestino Yasser Arafat había convertido en símbolo de su causa política y ahora era un ícono de moda entre los jóvenes.

Recorrimos los estrechos pasillos llenos de gente. Yo iba al frente del grupo y casi sin proponérmelo había tomado de la mano a Madeleine para no perderla entre el gentío.

Me detuve a ver varios muebles de estilo "art deco" y discutir el precio con el vendedor. Sólo para impresionarla, le dije al vendedor que las terminaciones no eran de la mejor calidad. Al pobre hombre eso no le gustó nada y discutimos brevemente sobre el porqué. Yo hice gala del mismo argumento que unas semanas atrás me había dado una buena amiga vasca, coleccionista de muebles, con la que había recorrido el lugar. No compré nada, pero en realidad logré impresionar a todos, en especial a Madeleine; esa era la idea.

Las amigas francesas volvieron a separarse y yo seguí caminando tomado de la mano de Madeleine. Nos reencontramos con las dicharacheras amigas y las invité a tomar unas cervezas cuando los rayos del sol empezaban a esconderse y los improvisados comerciantes comenzaban a recoger sus pertenencias.

Cuando las francesas empezaron a despedirse, justo entre beso y beso, le pedí a Madeleine que se quedara un rato más conmigo. Ella me explicó que era una "au pair", algo así como una acompañante de una familia y que tenía permiso para salir hasta una hora determinada; hasta las siete de la noche, dijo ella mirando su reloj, que despiadadamente ya había pasado de las 6 y 30 de la tarde.

Insistí, por supuesto, y hasta me ofrecí a llevarla más tarde hasta su hogar.

- ¿Tienes coche?, preguntó ella algo incrédula.

- Sí, respondí presuroso mientras pensaba que debería haber lavado a mi viejo Mini Cooper.

Madeleine buscó una cabina telefónica e hizo una llamada, dijo que iba al cine con sus amigas (que cotorreaban sin cesar junto a ella como para dejar constancia que estaban juntas) y logró que le extendieran el permiso hasta la medianoche.

Acompañamos a las amigas hasta la entrada del metro. Las tres estaban excitadas como si hubieran hecho una travesura y sonreían sin poder disimularlo. Era evidente que Madeleine había hecho todo un levante. Por el rabillo del ojo veía las guiñadas cómplices y los cabezazos de asentimiento. Se dijeron algo en francés y por la forma en que Madeleine se sonrojó, asumí que el contenido de la frase era sexual, pues las amigas no dejaban de mirarme de arriba para abajo con la cabeza como el típico movimiento de un ascensor. Finalmente llegó el metro y las dos francesas latosas desaparecieron en aquel agujero negro que atravesaba las entrañas de la noche madrileña.

Cuando subimos al Mini, Madeleine me contó que sus amigas le habían dicho que "estaba muy bueno" y agregó algo en francés que traducido sonaba como "gocen del momento mientras estén juntos". Era la señal esperada. Detuve el auto junto a una acera, la tomé por el borde de su rostro y le di un largo y profundo beso que nos llevó a descubrir la textura de nuestros labios y el sabor de nuestras bocas.

Recordé la dirección de un barcito oscuro, ideal para parejas, y hacia allí me encaminé. Ordené un par de 'cubatas' y ella fue cediendo a mis besos hasta que se acurrucó en mi regazo. Mis manos recorrieron sus pequeños pechos y su largo cuello. Luego la acaricié lentamente, descubriendo cada poro de su hermoso cuerpo hasta que sentí que ella ronroneaba de placer y se estremecía entre mis brazos. Era hora de acelerar e irse de allí.

Tomé rumbo hacia una cervecería alemana, frente a la Plaza Santa Ana, pues sabía que había varios hostales por allí cerca, en la zona de Huertas. Obviamente, no podía llevarla a mi cuarto, pues Beolagh se moriría de celos, rabia, coraje y otras pamplinas por el estilo.

La dejé momentáneamente sola en el bar y salí a preguntar precios en un par de hoteluchos cercanos. Nadie quería alquilarme una habitación por dos horas. En realidad sí querían, sólo que pedían que pagara el precio de una noche completa. Horrorizado comprobé que me faltaban 200 pesetas (apenas algo más de unos 15 dólares de entonces) para completar el precio del hostal más barato. Volvía frustrado a la cervecería pensando que debería intentar hacerle el amor en un parque o en un zaguán; el Mini Cooper estaba completamente descartado por razones de espacio. Si bien alguna vez lo había hecho en un Volkswagen y hasta en un Fiat 600, ahora tenía piernas más largas... y un poco más de honor.

Regresaba insatisfecho y de mal humor a la cervecería alemana cuando recordé que tenía unos amigos que eran dueños de un bar en la calle

Príncipe: Graciela y Carlos. Había trabajado unos meses con ellos cuando llegué a Madrid y les había enseñado cómo hacer daiquiris, además de otros tragos tropicales y algunos cafés con licor para subir el precio de las ventas.

Encontré a Carlos cerrando el portón del bar. Le conté el rollo y él sacó 200 pesetas, que me prestó sin dilación. Es más, Carlos se ofendió cuando le ofrecí mi reloj -un Omega Constellation- en garantía. (Que conste en récord que a los dos días le devolví la pasta).

Recogí a Madeleine que estaba entre los últimos parroquianos del bar y nos encaminamos hacia la habitación de un hostal ubicado en un segundo piso.

En el cuarto hacía frío, pero nuestros cuerpos se calentaron en pocos segundos. Efectivamente, pude comprobar que las caderas de Madeleine eran de herencia africana: ancas grandes, esféricas, evidentes, perfectas. Apenas nos quitamos la ropa en medio de algunos besos, me zambullí entre las piernas de la niña, besé ese coño con dulzura y desaté toda mi faena de obrero sexual. Ella disfrutaba entre estertores y me miraba extasiada como una abeja ante una flor, hasta que me roció la cara con toda su dicha.

Sabía y sostenía que esto era infalible, yo solía argumentar que una buena tanda de sexo oral hace que ellas no lo olviden y que el húmedo recuerdo funcionaba como una droga: siempre vuelven por más.

Mientras, exhausto, secaba mi rostro con las sábanas, ella tomó por asalto mi falo. Con dedicación, asombrosa sapiencia y mucho arte, la adolescente me devolvió el favor. Luego de un abrazo y algunos besos, caímos rendidos en un sueño profundo, entregados al cien por cien.

Me desperté asfixiado, con una sensación extraña, como si me estuviera quemando el pecho. Descubrí que era aquel cuerpo ardiente: las nalgas y la espalda de Madeleine estaban contra mi torso y mi complexión hervía al contacto de aquella flor silvestre.

Fui al baño a apagar su fuego y a mojarme con agua fría. (Charo, mi gran amiga española, sostenía que yo sufría de un "ataque higiénico" después del sexo, pues no podía dormir si no lavaba antes mis partes íntimas). Cuando volví a la cama, Madeleine dormía boca abajo con sus espectaculares nalgas apenas tapadas por las sábanas, expuestas en un escaparate de fantasía. Lentamente lamí su espalda, sus nalgas, sus muslos y sus popletas, la parte sensible detrás de la rodilla. Ella chillaba de cosquillas y placer. La puse en la posición de entrega, recostada sobre sus rodillas con la cabeza apoyada en la almohada y con mi flacidez a cuestas comencé a pintar esa concha de nácar. Apenas mi glande hizo contacto con sus vulvas, su consistencia despertó y la penetré despacito mientras la sangre bombeaba sin parar hasta hinchar aquella vena lujuriosa.

El calor era infernal. Los cristales de las ventanas sudaban mientras nuestros cuerpos se asaban de placer. Ella relinchaba del éxtasis y yo me sentía como 'Toro Sentado' montado en el mejor 'mustang' salvaje de las planicies del oeste norteamericano. Cogimos como perritos. Ella se incorporó y se aferró al cabezal de la cama mientras hacía fuerza hacia atrás y bailaba un cadencioso minuet sobre mi falo ya duro. Me recliné hacia atrás y quedé sentado sobre mis talones. Ella me siguió y subía y bajaba entre aullidos de placer que delataban su satisfacción. Ella resoplaba y su resuello le decía que ya no quería más, que sólo esperaba por mí. Verla en ese éxtasis fue suficiente, le rocié la espalda baja mientras ella caía rendida en la cama.

Nos quedamos abrazados hablando de bueyes perdidos. De cómo ella había llegado a España con una familia francesa para cuidar a sus niños y así poder estudiar. De lo brutal que puede ser París con una adolescente, hija de una africana y un padre francés desconocido; de mis sueños de escritor y otros relatos escapistas.

Madeleine comenzó a vestirse y yo quise despedirme galantemente. Intenté vestirla, pero aquella imagen de Lolita entregada a mis caprichos alimentó de nuevo mi deseo. Le coloqué sus pantaletas de algodón y me entretuve en sus tetitas, del tamaño de un besito de coco y duras como una roca. Las chupé con desdén, me las puse completas en la boca y succioné como un bebé hambriento. Ella me dejó hacer hasta que me tumbó en la cama y pasó aquellos pechos infantiles por mis testículos hasta hacerme rozar el dolor.

("Esto es gula", pensé mientras Madeleine se quitaba las pantaletas entre sonrisas y me pedía un lugar en la cama).

Hicimos el amor de costado, frente a frente. Ella trepó su pierna sobre mi cadera y de manera cadenciosa fue viboreando hasta que logró que mi sexo le respondiera. Luego nos amamos despacio, sin apuros, sabiendo que aquello era el placer por el placer. Manipulaba sus pezones con mis dedos índice y pulgar. Ella me halaba los cabellos de la cabeza con el brazo que me había pasado por detrás de la nuca y con la otra mano alternadamente sostenía su pierna alzada y luego se dedicaba a arrancarme algunos pelitos del pecho.

"Cochon, cochon...", le oí decir en la letanía.

Cuando la llevé hasta su casa, seis horas después de aquella sesión amatoria, eran casi las cuatro de la madrugada. Rápido le inventé una excusa: "has ido a bailar con tus amigas después del cine", la incité a mentir.

Ella me sonrió preocupada, pero en sus ojos podía leerse aquello de "sarna con gusto no pica". La luz encendida en la entrada de su casa presagiaba problemas. Sus ojeras y su pelo revuelto me devolvieron una sonrisa junto con una frase en francés que traducida sonaba más o menos a algo así como: "Eres un cerdo exquisito".

Manejé lentamente de regreso por la calle de Alcalá pensando que los franceses no pueden dejar de asociar todo con la comida. Al llegar a mi departamento en realidad me sentía como un cerdo, exquisito, pero un cerdo al fin y al cabo. Había roto mi propio código; me había acostado con la pretendida de un amigo, peor que eso, con la de mi propio compañero de piso. Si bien Beolagh nunca me dijo nada, es seguro que quería clavársela también. Rebobiné esas maratónicas seis horas mirando al techo mientras esperaba que el sueño apareciera.

"No le diré nada a Beolagh", reflexioné para mis adentros.

"La situación es peligrosa", me anticipó mi otro yo en el oído izquierdo. "No importa, eres un cerdo exquisito", proyectó mi hemisferio derecho con la imagen de la última sonrisa maliciosa de Madeleine, cansada y satisfecha de tanto sexo.

Me dormí con una sonrisa a flor de labios.

Tres días después llamé a Madeleine, como manda la tradición. ("Si llamas el día siguiente, puedes ser un pesado o un obsesivo, si lo haces dos días después, aún muestras mucho interés; en cambio al tercer día ya parece más normal", solía decirme a mí mismo.)

- Pensé que ya no me ibas a llamar, disparó Madeleine desde el auricular.

- Es la lógica bíblica, ¿acaso Jesús no tardó tres días en resucitar?, respondí intentando ser simpático y cruzando los dedos para que ella no se sintiera demasiado ofendida.

La francesilla me contó por teléfono que la habían castigado y que no podría salir por quince días. "Hasta dentro de dos domingos", añadió pícaramente, mientras yo pensaba en la ironía de tener que gastar mis pocos ahorros en un hostal teniendo un piso bien preparado para el 'matadero'. Quedamos en hablar la semana siguiente para preparar el próximo encuentro furtivo.

Unos días después, al llegar al piso luego de intentar vender unos artículos sobre el biorritmo en un grupo editorial, encontré a Beolagh un poco nervioso.

- ¿No vas a cenar?, preguntó el irlandés como una esposa molesta.

- No, gracias, respondí. Almorcé tarde con unos editores, luego tomamos unas copas y terminamos de tapas. Ya sabes cómo se hacen aquí los negocios, agregué.

- ¿Por qué no me dijiste que viste a Madeleine en el Rastro?, preguntó ofendido el irlandés.

Respiré hondo y solté con desdén: "No creí que fuera importante".

Beolagh habló de por qué él si creía que lo era y siguió hablando sin decir nada. Estaba muy enojado, pero no podía expresarlo de manera coherente. ("Herencia de la flema británica", pensé).

- ¿Te acostaste con ella?, inquirió finalmente el irlandés con sus mejillas rojas por la ira.

Mis neuronas volaban buscando una salida., mientras mis mecanismos de defensa estaban en alerta máxima.

- ¿Ella te dijo eso?, le pregunté poniendo la bola en la otra cancha y dándole gracias a Dios por haber estudiado los conceptos de la mayéutica socrática en la clase de Filosofía.

- No, respondió él bajando la mirada.

- Beolagh -le dije enternecido- yo sabía que esto te pondría mal, ¿qué razón tiene entonces decirte que me encontré a Madeleine y sus amigas en el Rastro? Sólo les invité una cerveza y luego la llevé a su casa, agregué en tono cariñoso.

- ¿La llevaste a su casa?, cuestionó el irlandés con los ojos abiertos como el "dos de oro".

- Claro, fuimos a comer algo a la cervecería alemana y luego la llevé a su casa. ¿Qué pretendías? ¿Qué la invitara a mi cuarto?, respondí con furia simulada mirándolo directamente a los ojos.

Beolagh supo que yo mentía, pero no podía probarlo. Se encerró en su cuarto y supe que a partir de aquel momento algo se había roto entre nosotros.

Volví a ver a Madeleine los domingos alternos. Aquellos maratones amatorios se sucedieron uno tras otro, como nuestros juegos y orgasmos. Entre ambos jamás hablamos de Beolagh. Nosotros sabíamos que lo habíamos traicionado y que cada vez estábamos más lejos de su corazón, pero el llamado carnal entre ambos era más fuerte que esa incipiente amistad.

Dos meses más tarde recibí una oferta de trabajo para montar un nuevo diario en Puerto Rico. Volvía a mi sueño caribeño, al "espanglish" y los daiquiris, a las mujeres cadenciosas que bailan salsa hasta el amanecer con una sonrisa eterna en los labios.

Cuando me despedí de Madeleine comencé a extrañar sus caderas. Por culpa de ellas había roto una hermosa amistad, había roto la regla no escrita: no te metas con la mujer de tu amigo. Mi hemisferio izquierdo sonrió y me puso en la cabeza la canción "quién te quita lo bailado", estribillo del tango "Gigoló compadrito", de Enrique Cadícamo.

El día que partí hacia el aeropuerto, Beolagh no estuvo en el piso. Me dejó una nota para que dejara la llave de la casa con una farmacéutica amiga que atendía en un local de la esquina. La traición estaba consumada y en su despecho el irlandés no quiso despedirse ni verme partir.

Subí al taxi. "A Barajas", ordené con un suspiro después de acomodar la maleta.

("Qué difícil es decirle adiós a Madrid", pensé con morriña).

Desandábamos la calle de Alcalá en silencio hasta que el taxista prendió el radio. Un viejo cantor de tangos aullaba "quién te quita lo bailado, dandy reo y compadrito, con gomina y bien trajeado, saco entallado, guantes patito"...

Sonreí con nostalgia, me arrellané en el asiento, recosté mi cabeza y mi mente me regaló el recuerdo de la sensual Madeleine mientras el cantor repetía "quién te quita lo bailado".

Subí al avión pensando en la canción, pero durante todo el viaje cruzando el Atlántico no encontré respuestas para la tristeza que azotaba mi corazón.

Comentarios del autor al lector:

1) Pregúntate si traicionarías a un amigo/a por obtener un beneficio sexual.

Sexo y traición van de la mano. La historia y la literatura están llenas de páginas sobre estos temas que han cambiado el curso del mundo.

Aquí sólo me cabe decirte que si lo hiciste alguna vez, mira en tu interior a ver si estás arrepentido.

Sólo en caso de una respuesta afirmativa, perdónate y envía una señal de luz al perjudicado de entonces.

La vida nos ama y a través del amor nos libera de cadenas que no nos dejan seguir creciendo. Elegir el momento adecuado para actuar es algo personal, pero si dejas pronto el lastre de lado, podrás avanzar mejor por la vida si viajas con el corazón más liviano.

2) Recuerda con cariño a los amigos/as que has ayudado a consumar sus aventuras y a los que con sus mentiras blancas y tapaderas te auxiliaban en tu vida para cubrir tus escapadas.

Regálales tu mejor sonrisa y el mejor pensamiento de amor por la complicidad demostrada en aquellos momentos.

3) ¿Alguna vez te sentiste un cerdo por haber dado paso a tus instintos sexuales? ¿Lo repetirías?

¿Debemos controlar el apetito sexual o debemos dejar que nuestra libido busque cómo saciarse?

¿Será que la testosterona hace que los hombres sientan más deseos por el sexo que la mujer?

No hay estudios científicos que puedan relacionar hormonas con sexualidad, así que personalmente creo que el deseo masculino es un acto de aprendizaje y entrenamiento (¡¡¡ recuerden los ratones de los suecos !!!).

Si obtenemos placer de una manera racional (como el ratón), el cerebro se activa y busca la manera de volver a consumir esa "deliciosa sustancia" (llamada deseo sexual) mientras que soñamos despiertos con llegar a ese momento (fantasía sexual).

Los condicionamientos sociales de nuestra cultura occidental (especialmente en Iberoamérica) hacen que a los hombres se los premie por alardear de sus conquistas, mientras que a las mujeres se las etiqueta de manera negativa (crítica social) por su osadía.

Por ello es que muchos hombres arrancan con ventaja desde la adolescencia en ese entrenamiento por satisfacer el deseo sexual y el resto de sus vidas se mantienen en carrera por liberar su libido sin importarles luego las consecuencias.

Creo que tras la gran represión de la "histeria victoriana" del Siglo XIX, las mujeres se soltaron más la trenza y a partir de la segunda mitad del Siglo XX comenzaron a igualar las prácticas sexuales del hombre.

4) ¿Qué opinas del sexo oral? ¿Te gusta darlo o recibirlo? ¿O ambos?

A ciertos hombres y mujeres esto les parece degradante mientras que para otros es algo sublime. ¿De qué lado estás? Lee, oriéntate y conversa con tu pareja sobre la mejor manera de lograrlo, pero recuerda que tú decides si quieres o no hacerlo.

Debido al auge de las películas pornográficas en las últimas décadas, muchos hombres creen -equivocadamente- que todas las mujeres deben practicarle sexo oral antes de cada relación. Si bien es una fantasía muy aceptada entre los de mi especie, lo cierto es que no deja de ser una simple fantasía.

A muchas mujeres (y también a muchos hombres) el sexo oral les parece espantoso vaya a saber porqué trauma, pero debemos respetar esa decisión.

Aunque sostengo que una buena tanda de sexo oral funciona como una droga para muchas mujeres, que vuelven por más, hay ciertas condiciones que se deben conocer antes de ponerlo en práctica.

Una muy fundamental es la higiene. Siempre es recomendable un buen baño o una buena limpieza con agua y jabón antes de tener relaciones íntimas. (Puede haber excepciones, pero que sean sólo eso.)

Otra es el movimiento. Si el hombre se mueve muy rápidamente mientras ella intenta satisfacerlo, puede que en lugar de placer se obtenga todo lo contrario. Antiguamente, este tipo de sexo oral (llamado irrumación) era considerado una vejación, así que es menester establecer ciertas reglas o protocolo entre ambos.

Personalmente sugiero preguntar: "¿Te gusta esto? ¿Así está bien? ¿Voy más rápido?, etc". De acuerdo a las coordenadas recibidas, traza el resto del mapa.

5) ¿Puedes dormir sin lavarte después del sexo?

Busca cuáles son los beneficios, los pros y los contra.

Varias de mis amigas se reían o criticaban mis hábitos higiénicos después del sexo. Lo cierto es que dormir sin lavarme después del sexo puede tener desagradables consecuencias para mí.

Al no estar circuncidado (como la mayoría de los hombres latinoamericanos de mi generación) tengo que limpiar cuidadosamente esa zona, pues la piel produce una secreción en el surco de la glande que puede provocar irritación y mal olor.

Si a ello le agregamos los olores naturales que segregamos por la noche, más los sudores del sexo y las secreciones íntimas, pues por la mañana puede haber un tufillo nada agradable...

por lo que aconsejo algo de agua y jabón después de las relaciones íntimas.

6) Gula sexual: ¿hay que saber cuándo detenerse o hay que seguir hasta agotarse? El resultado puede ser individual o de pareja, pero una tarde o una noche completa de sexo es un recuerdo que te acompañará por mucho tiempo y te sacará las mejores sonrisas.

En el Tantra hallas opciones donde el tiempo se detiene, el aquí y ahora toman tanta envergadura que el acto sexual puede durar horas y el placer toma nueva vida. Busca cómo llegar hasta allí.

Libélula triste

Capítulo Diez

*L*a libélula que su amante le regaló resultó una alegoría reveladora.

Era un regalo extraño, todo un simbolismo de la relación entre ambos. La pequeña pieza de cerámica tenía forma de una libélula descansando sobre una roca.

("La piedra, al menos, es real"), pensó Abel al recibirla.

La figurilla tenía una cabeza grande que terminaba enfundada en un gorro verde, como esos que usan los gnomos y los enanitos de Blancanieves. Las alas eran grandes, transparentes y desproporcionadas, parecían de verdad, excepto por los apliques rosados y amarillos que tenían en el medio.

Era flaca y larga, como su nueva amante, a quien había conocido durante la fiesta de recaudación de fondos para un nuevo museo de arte en San Juan. Allí bailaron, flirtearon y se olvidaron del mundo. Por el contrario, muchos de los presentes no se olvidarían de ellos por sus rostros radiantes y por lo felices que se veían en la pista de baile.

Parte del poder de la burguesía puertorriqueña que acude puntualmente año tras año a los bailes de gala consiste en saber quién se acuesta con quién y cuáles son los nuevos amantes dentro de su círculo social. Luego, las noticias corren de boca en boca y de móvil a móvil.

Ella era parte del comité organizador de la gala, por lo que estaba hospedada en el mismo hotel de la fiesta.

Tras los adioses de rigor a otros invitados, él la acompañó hasta el ascensor y, en lo que aparentaba ser la despedida después de bailar apretados boleros y algunos pasos de salsa, se confundieron en un profundo beso espontáneo. Intercambiaron miradas y establecieron un acuerdo tácito que no necesitó palabras. Cuando llegó el ascensor él le cedió el paso y entró detrás de ella. Subieron hasta el quinto piso ante la mirada de un grupo ruidoso que subió en el tercer piso para ir rumbo a la piscina de la terraza, quizás a bajar la borrachera. En su cuarto prácticamente se despojaron de sus ropas de gala, después de algunos inconvenientes con las yuntas de su camisa, que se negaban a abrir paso a la lujuria.

Abel le pidió que lo dejara ir hasta su auto a buscar unos preservativos, pero ya era tarde, el fuego estaba encendido y ella quería inmolarse en esa hoguera de pasión. Hicieron el amor por un rato largo, donde ella tuvo, por lo menos, cuatro o cinco orgasmos, pero él se dio por vencido sin alcanzar su clímax. La mezcla del chardonnay barato con el champagne californiano lo tenía al borde del nocaut.

Por la mañana desayunaron copiosamente en la habitación y se despidieron entre mimos y promesas. Abel no se atrevió a intentar hacerle el amor otra vez, pues, si volvía a fallar, iba a tener que ir directo a visitar a su psicólogo.

("La siguiente vez que estemos juntos lo intentaré de nuevo sin alcohol ni borracheras", reflexionó a la defensiva mientras la otra mitad de su mente se burlaba de su ego machista herido).

Abel tenía una vida complicada; su trabajo hasta la medianoche como controlador aéreo en el aeropuerto y sus dos hijos –productos de dos divorcios- absorbían sus días más allá de sus propios límites. No estaba listo para una nueva relación; en realidad para otra relación, pues ya tenía una; fija y distante, pero relación al fin y al cabo.

En la siguiente cita su libélula de carne y hueso llegó con una réplica en miniatura de su nuevo Volkswagen como regalo para su hijo y comenzó a hablarle de lo que su madre, su hijo, su ex esposo y sus amigas pensaban sobre la relación que ellos sostenían.

Las alarmas se encendieron en la mente de Abel. ("Hay que salir corriendo de aquí -le advirtió inquieto su ego- esto comienza a complicarse; ya ventiló todo sobre nosotros y encima es maniática con los regalos", sentenció).

No obstante, esa noche de la segunda cita volvió a la carga con la anuencia de ella. Hicieron el amor (en realidad tuvieron sexo) pero su semen no aparecía. Regularmente su eyaculación era prolífica, abundante.

("No puede ser, es una negación; no puedo acabar así", pensó a la defensiva con la parte izquierda de su cerebro mientras imaginaba cómo se estaría riendo la otra mitad de su inconsciente).

Intentó una racionalización: su amor le pertenecía a otra persona y, evidentemente, su semen también.

Quiso explicárselo a su amante un par de veces, pero ella seguía aferrada a la ilusión y a ese tipo de relación que a ella la dejaba satisfecha sexualmente y a él alucinando con mil ratones corriendo por su cabeza. Sólo a él, claro, pues ella, ante sus embates por copular, tenía cinco o seis orgasmos en cada intento... mientras él no podía terminar su faena.

Parte del problema era que en pleno acto sexual con la libélula se le aparecía el rostro de su novia real, la chica enferma. Era como si su mente le dijera: "Traidor, si la amas, ¿cómo puedes hacerle esto?".

("Por deporte -se justificaba el otro lado de su cerebro ante el complejo de culpa- aparte, la libélula se lo merece", argumentaba mentalmente sin éxito, "Ella me busca y me encuentra... tengo que vencer este frío olímpico irracional", se decía a sí mismo).

Ella parecía no darse por enterada, ni por vencida, mientras las citas proseguían esporádicamente. Un día llegó con dos entradas para el nuevo concierto de Ednita Nazario. Fueron juntos y en la arena del coliseo ella le cantó al oído: "Más grande que grande. Más cielo que cielo. El amor es tanto que al final da miedo... el amor te mata de puro sincero".

Ella siguió masticando cada palabra de la canción en su oreja: "Veneno, bendito veneno; unas gotitas de amor en vena hacen de lo malo, bueno. Veneno, lo siento por mi piel, tan dulce como la miel y tan amargo como el centeno....".

Y al final remató con el coro: "Más grande que grande, más cielo que el cielo... Vamos a bailar, abrazaditos como ángeles...

Volar, volar, en un rincón de la ciudad...Vamos a morir como dos héroes anónimos mirando al mar y sin saber lo que decir"...

Abel supo que estaba transitando por arenas movedizas, pero no se amilanó, siguió adelante, decidido a ver adonde le llevaba todo esto.

Al siguiente fin de semana la acompañó a una cena íntima a casa de una pareja de amigos gays. El departamento estaba perfectamente decorado y era digno de una revista de arquitectura. El recibidor estaba adornado con símbolos egipcios, como el escarabajo sagrado, el disco solar y varios buitres de diversos tamaños. Un biombo con jeroglíficos separaba la entrada a la sala, donde entre taburetes otomanos y un gran sillón se alzaba una mesa de cristal sobre una esfinge. En un rincón, entre varios pliegues de cortinas rojas y doradas, se hallaba un sarcófago que al abrirse se convertía en una barra artillada con todo lo necesario para beber hasta la madrugada. Sobre el rincón opuesto, luego de varios cuadros con perfiles de faraones y su séquito, estaba la estatua de una negra con el look de Cleopatra, que sostenía sobre sus manos una bandeja con entremeses surtidos.

"De magazine", dijo ella atinadamente.

La cena estuvo soberbia y la charla fluida, especialmente la descripción de los diferentes tipos de inodoros que la exótica pareja halló durante su último viaje a Holanda. Abel también se ganó la aprobación de los amigos, a quienes deleitó con su teoría sobre en qué posición se debería orinar en cada uno de esos extravagantes lugares.

Abel sentía que ella buscaba la aprobación de su círculo íntimo para entregarse cada día más a él. La extraña relación entre ambos siguió adelante. Durante los días de semana concretaban escapaditas a media noche cuando terminaba su turno en el aeropuerto y sostenían grandes conversaciones a la luz de una vela junto a unas vodkas con agua de soda y limón. Eran dos compinches perfectos, pero él se sentía como un amante de baratillo.

El día en que su amante llegó con la libélula de regalo, Abel la puso junto a su colección de casas de cerámicas, sobre un mueble de madera. Posteriormente, para evitar preguntas indiscretas ante una eventual visita de su novia enferma a su apartamento, la escondió detrás de una bocina, con tanta mala suerte que olvidó sacarla de nuevo a la luz.

Algunas lunas después, una noche en que la libélula de carne y hueso llegó furtivamente a visitarlo, descubrió que la libélula de cerámica no estaba a la vista. Abel intentó una excusa difícil de creer: su hijo menor se había antojado de jugar con ella durante el fin de semana anterior y debió esconderla. Acto seguido, Abel tomó una silla, se trepó sobre ella, buscó la estatuilla de cerámica entre el polvo del anaquel superior y la restituyó en su posición original, a plena vista de todos, pero ante un creciente complejo de culpa interior que comenzó a desbordarlo.

Esa noche, cuando terminaron la primera botella del Beaujolais Nouveau de las dos que ella llevó de regalo, Abel le contó a la libélula de carne y hueso sobre su verdadero amor; sobre los momentos difíciles que ella estaba atravesando debido a una crónica enfermedad que la tenía anclada a una cama.

La libélula lo miró con rencor, apuró el vino y lo condujo a la habitación, donde le dio una lección de placer. Después de la catarsis entró en escena el sexo salvaje, la lujuria dio paso al deseo inferior y ella se transformó en un ser fuera de lo común para hacerle el amor de manera desenfrenada.

La libélula desplegaba la ira con su mejor sexo; el odio se podía ver en sus ojos y contenía el dolor del momento a pesar de unos suspiros que con el correr de la noche se transformaron en bramidos de coraje e indignación.

Abel la cabalgó una y otra vez hasta quedar exhausto y sin semen. Ante tanta demanda carnal aquellos gramos de esperma que finalmente aparecieron, parecían haber levantado el embargo sobre su alma ante el intenso sentimiento de alegría y admiración que ahora lo envolvía.

Después de tanta acción ella tuvo en pequeño sangrado, que cuando se percató le disparó con saña: "Hasta mi sangre te he dado".

Contrario a lo que Abel esperaba, ella no se retiró de su vida, ni dio marcha atrás. Los regalos siguieron. Ella se mantenía firme en esa obsesión de llevarle un regalo en cada encuentro sexual furtivo. Abel no entendía por qué la libélula mantenía esa compulsiva urgencia de darle algo a cambio de recibir placer.

Así transcurrieron siete meses hasta que llegó diciembre.

La noche de fin de año Abel tenía un cuadro complicado: su novia enferma, su amante exigente y su ex esposa despechada reclamaban su presencia en la cena familiar, así que optó por una salida de emergencia. Decidió escapar con su hijo menor a celebrar a bordo de la lancha de un amigo anclada en una bahía lejana del área de Cabo Rojo. En realidad aquel yate era un palacio flotante de 48 pies de lujo, con tres cuartos, dos baños, aire acondicionado central, lavadora y secadora de ropa, máquinas para hacer hielo y desalinizar el agua marina, además de otros modernos lujos dignos de un jeque árabe.

Cuando llamó por el teléfono móvil a la libélula para saludarla, la notó inquieta. Ella no quería hablar y le dio una excusa que él interpretó como un escape por la tangente. No era la primera vez que esto sucedía, acostumbraba a reprocharle sus ausencias con prolongados silencios, algo que solía hacer su amante cuando estaba atragantada por su soledad.

Una hora antes de la media noche, la libélula lo llamó al celular. Se notaba que tenía varios tragos encima pues le pesaba la lengua y estaba henchida de valor por el alcohol. Su tono era grave y hablaba sin respirar, como si hubiera ensayado antes aquel discurso que salía a borbotones por el minúsculo, pero fidedigno, auricular, que permitía oír hasta sus lágrimas.

"No sirvo para esto -le confesó ella-. No estoy acostumbrada. Pensé que eras una persona especial y me equivoqué. Esto no lleva a ningún lado, llegamos hasta aquí. Esto me hace daño... no me llames más", suplicó casi sin aire.

Abel la escuchó en silencio mientras a lo lejos retumbaban los cohetes que anunciaban la llegada del Fin de Año y el reflejo de la luna llena brillaba sobre la mansa bahía. Su semblante cambió y perdió la sonrisa festiva de la ocasión; el final anticipado había llegado.

"Lo siento", balbuceó. "Así se hará", respondió mientras pensaba que el dolor y el alcohol hacen una combinación peligrosa y explosiva.

Al rato, Abel llamó a su verdadero amor, que convalecía estoicamente con su migraña crónica a cuestas y su endometriosis creciente, contando las horas para el próximo narcótico escondido en forma de analgésico contra el dolor. Él le dio todo el amor que palabras algunas podían llevarle a una mujer, pero sabía que eso no era suficiente ante tanto dolor y tanta droga para combatirlo.

Abel se sentía más liviano de equipaje, pero lleno de culpas y contradicciones. ("¿En realidad le había hecho daño a la libélula?", se preguntaba sin cesar). Ella conocía las reglas del juego, pero ahora la duda lo carcomía. ("Es su dolor, no el tuyo", le dijo su ego para trascender el momento y obligarlo a servirse una copa).

El Nuevo Año llegó, pero Abel no se sintió feliz como otras veces.

A los pocos días recibió un correo electrónico en su trabajo.

El título del e-mail leía: "Un instante".

En el texto la libélula le decía: "Una vez te comenté, espontáneamente, que aunque trataras de olvidarme no podrías. Recuerdo que me preguntaste qué me hacía estar tan segura, supe entonces que no sabías. No te contesté y dejé que el silencio dominara aquel momento que sólo yo reconocía.

"Ahora, los dos tratamos de olvidar lo que fue sin serlo, dominados por la sinceridad del momento. Se nos olvida que en lo más profundo del alma, donde se encuentra la armonía de nuestro mundo interior, sólo allí se encuentra la verdad. Una verdad que nos une y no se puede negar. Al hacerlo sólo tristeza y dolor hemos de hallar.

"Hoy rompo el silencio que una vez dominó un instante para decirte que el tiempo será testigo, aunque la razón nos haga olvidar.

"Siempre existirá un momento, un instante, aquel en que dos almas se conocieron y a partir del cual nunca se han de olvidar. Así comienza el principio del final..."

Abel en realidad no entendió casi nada de la metáfora metafísica que ella había escrito. Su corazón sabía leer entre líneas, pero su mente veía apenas lo rebuscado y lo incomprensible. Él sólo sabía que era el principio del fin, por lo que no le contestó.

Conocía el guión de memoria; si lo hacía, volverían a verse, hablarían hasta agotar el duelo mental que sostenían permanentemente, se besarían con ansias y terminarían de nuevo en la cama. Ella no se lo merecía, era una gran mujer que buscaba a su gran hombre, por eso no quería seguir engañándola con falsas promesas.

Dos días después recibió otro e-mail titulado: "Un último favor".

"Por favor, hazme llegar mi libélula", decía escuetamente el mensaje, seguido por la firma automática y el emblema corporativo de la gran empresa de Hato Rey de la cual ella era vicepresidente.

Mientras pensaba qué hacer, la libélula de porcelana vigilaba sus movimientos y lo miraba con sus ojos tristes mientras el aire que producía el ventilador del techo batía lentamente sus alas.

Abel obedeció el último pedido. Buscó una bolsa del mismo hotel adonde se habían encontrado por primera vez. Compró una caja de regalo y papel rojo para envolverla. Las antenas de metal de la libélula lo apuntaron acusatoriamente mientras la guardaba en una caja rumbo a su viejo destino: un anaquel cargado de sueños.

Cometarios del autor al lector:

1) Las relaciones paralelas son sinónimo de mentiras y siempre uno sale más herido que el otro. ¿Has tenido alguna relación así? ¿Sufriste tú o la otra persona? Busca las respuestas en tu interior y si aún sientes dolor (propio o ajeno), haz que tu corazón sea capaz de perdonar.

Puede que esto suene fácil o hasta inútil, pero sin perdón no podemos avanzar en nuestras vidas. Deja que tus heridas sanen pues toda acción es nula si el rencor por acciones pasadas bloquea nuestro camino. Piensa en el perdón como una bendición para ti, y como algo que te libera de hacer nuevos juicios a los demás y sobre ti mismo.

2) ¿Haz tenido un amante? Piensa cuál fue tu favorito y ¿por qué? ¿Repetirías la experiencia? ¿Estás dispuesto/a a volver a pagar el precio emocional que ello conlleva?

3) ¿Te ha pasado alguna vez que tu mente te acuse de mentir durante el acto sexual y bloquee tu placer? ¿Cómo lo superaste?

4) Para muchos estudiosos, el amor, más allá de la afinidad entre dos seres, necesita tres elementos indivisibles: intimidad, pasión y compromiso. Examina tus relaciones pasadas más importantes y pregúntate qué

le faltó a cada una. Más importante aún es que analices la relación de pareja que tienes ahora (o la que vayas a empezar de hoy en adelante) y mantengas la decisión de incorporar esos tres elementos en tu aquí y ahora.

Te aseguro que si la relación no funciona bien, o termina por las razones que fuera (todo lo que está en el tiempo se corrompe decían los filósofos griegos hace más de 2.000 años), entonces podrás enfrentar el siguiente paso sin culpas y con la frente bien en alto.

5) Algo que pocas veces tratamos es la motivación que lleva a una persona a tener relaciones paralelas. Tenemos que abrir bien nuestro corazón para encontrar una respuesta.

Del lado de los hombres creo que responde a un patrón cultural que nos condecora cuando más mujeres tenemos.

Por otro lado, Osho aseguraba que el amor nunca es exclusivo y que solemos confundir amor con atracción. "Lo que llamamos amor es sólo apasionamiento. Comienzas a amar a alguien. Si ese alguien llega a ser totalmente tuyo, el amor pronto morirá; pero si se presentan obstáculos, si no puedes tener a la persona que amas, el amor se hará más intenso. Mientras más obstáculos existan, más intensamente será experimentado el amor. Si el ser amado es inaccesible, el amor se vuelve eterno; pero si puedes alcanzar fácilmente a tu ser amado, el amor morirá con igual facilidad."

El planeta Tierra está cambiando a una velocidad vertiginosa y con él todos los que aquí habitamos. Con la llegada de la Era de Acuario una nueva energía en torno a la sexualidad sustituirá a las energías distorsionadas de propiedad, control y manipulación de las energías creativas y reproductivas del ser humano.

Cuando aprendamos a alinear el chakra del plexo solar con el corazón seremos capaces de crear relaciones sagradas que reflejen la Unión Divina de nuestras energías. Ello se logrará cuando estemos listos y dispuestos a crear amor incondicional, aceptación y compromiso desde nuestro corazón, lo que se manifestará como la capacidad de hacer fluir la energía personal sin necesidad de ejercer control ni dominación sobre el otro.

A medida que evolucionemos con las nuevas energías, las actuales limitaciones tridimensionales serán sustituidas por realidades multidimensionales, donde las viejas energías planetarias de "víctima" de lo Femenino serán reemplazadas con la energía Ascendida de Otorgamiento de Poderes y Creación con el Espíritu.

Nuestro nuevo Ángel Humano estará abierto a recibir con Gracia y Gratitud la Abundancia que ofrece el Río Cósmico de la Vida. Así combatiremos nuestra percepción de carencia y pobreza de la vieja e ilusoria energía humana.

A nivel de la energía Sexual y Creativa, el Nuevo Código permitirá que la energía Femenina exprese su poder a través de las energías de Igualdad y Compartir. Dar y Recibir se mantendrán en equilibrio en este punto, y los nuevos Códigos de Luz permitirán que el

Ángel Humano se asegure de que él o ella reciba y dé en una forma equilibrada y amorosa que honre la esencia de cada individuo dentro de su grupo o comunidad.

Tantra

Capítulo Once

Apesar de que no terminaba de entenderlo, no podía sacar el tantra de mi cabeza.

Varios años antes, una amiga de mi ex esposa que solía coquetear conmigo me había tocado el tema, pero entonces no entendí la metáfora. Aquella vez, mientras su marido estaba de viaje, Nydia me llamó a la oficina para hacerme una consulta sobre un cliente de su negocio de relaciones públicas. Acepté su invitación a almorzar y luego de la segunda copa de vino comencé a ver cómo el deseo se apoderaba lentamente de aquella mesa.

Tras la consulta de rigor y acordadas las estrategias trazadas para el cliente, Nydia me preguntó casualmente si debía volver al trabajo. Le respondí que ya había hecho arreglos para tomarme la tarde libre. El rubor iluminó los ojos negros de Nydia y en esa mirada entendí que el lance presagiaba una tarde de aventura sexual.

Durante las siguientes cinco horas hicimos el amor tantas veces como fue posible; ambos flotábamos de éxtasis y ninguno daba muestras de cansancio ni de querer irse de aquel hotel. Definitivamente aquella mujer era una deidad del amor, una mezcla de geisha con un volcán en erupción.

No sabría cómo explicarlo bien, pero su piel y su tacto se combinaron en una química pocas veces lograda. Sus manos eran una caricia eterna que encontraron en mí unos poros que ninguna otra mujer había tocado jamás. A cada una de mis caricias ella me respondía con otras que estaban llenas de energía. Cuando exploré sus pechos redondos y jugosos, su mirada fue una mezcla de éxtasis, aprobación y ternura.

Fueron los juegos previos más largos que mujer alguna había logrado hacerme jugar. Fueron tan largos como el deseo acumulado entre ambos a través de los años de miradas furtivas. En realidad fueron más juegos y caricias que sexo en sí mismo. Por primera vez en mi vida la penetración había pasado a un segundo plano.

No volví a verla. Mientras preparábamos el segundo encuentro, ella emigró. Luego se divorció, se volvió a casar y continuó su vida en otro país. Antes de despedirse aquella tarde en el hotel Nydia me auguró: "Practica el tantra, eres un candidato ideal". Sonreí para mis adentros y pensé que las enemas de café que ella utilizaba le estaban afectando el cerebro.

Diez años después, yo, que me había divorciado otra vez, decidí tomar clases de yoga.

Al final de una de mis primeras clases pregunté por el tantra. Mi amada maestra me respondió con infinita dulzura: "Es una filosofía, una manera de vivir", y a continuación su voz se puso grave como una regente escolar que advierte a sus alumnos: "Pero en Occidente se vende como una experiencia sexual y sólo se conoce por este tipo de implicaciones".

Esa semana, mientras tomaba unos vodkas con tónica y limón, le pregunté a una amiga/amante sobre el tantra. Ella, que había vivido y viajado por el mundo de los placeres tanto como yo, me miró seriamente y me preguntó si estaba dispuesto a entregarme en cuerpo y alma a una mujer y a gozar con la energía que sólo eso produce.

- Aún estoy buscando a esa mujer, respondí y agregué de manera cándida y honesta: "Cuando la encuentre, no dudaré en hacerlo". Fue allí, en ese preciso instante, que me percaté del odio en los ojos de mi compañera.

Ambos acabábamos de racionalizar que ella no era 'esa' mujer que yo estaba buscando. Ella acusó el golpe, apuró su vodka con tónica y pidió otro vodka, pero esta vez con soda y limón. La experiencia me indicaba que esto era un indicio de que se tomaría un par de tragos más, se armaría de valor con el alcohol y armaría alguna perorata sobre el tema. Sorbí levemente mi trago y me sumí en mis pensamientos, mientras por el bar de aquel convento reciclado en hotel de lujo seguían pasando modelitos anoréxicas con cara de niñas y la falda cada vez más corta.

No había dudas de que yo seguía con mi búsqueda espiritual. Sabía que tenía que dominar a mi yo físico y a mi yo mental para alcanzar el crecimiento de mi yo espiritual y así fundirme con la conciencia divina.

Por años me había saltado sobre todas las amarras del orden social: había hecho caso omiso a las advertencias demoníacas de iglesias, clases sociales, civilismo inútil y todo aquello que funciona sobre la base del motor de la culpa, del temor o la obediencia.

- Marx tenía razón cuando decía que las religiones son el opio de los pueblos. Cuando nuestro yo mental, ese mismo que Krishnamurti logró definir con palabras y límites en "La totalidad de la vida", se apodera de la conciencia divina que mora en cada uno de nosotros, crece la obsesión, el puritanismo, la violencia y la vida con una doble moral, le explicaba a mi amiga, que me miraba casi con desprecio acodada en la barra.

Intentaba desnudar mi conciencia, pero una y otra vez sucumbía en las noches mundanas ante el primer envite sexual. Aquella noche tuve un sexo envidiable con esa flaca compañera de vodkas y sábanas. Mi amiga había entendido que yo no era el hombre especial que ella había creado en su mente. Yo, por mi parte, me sentía relajado pues a través de una 'simple' respuesta había puesto los puntos sobre las íes respecto a la relación. Esa noche ambos tuvimos sexo sin falsas promesas, desnudos de corazón y de ropa, prácticamente vacíos de sentimientos. La conversación siguió después del sexo, lo que para mi era un buen síntoma.

("Si puedes tener una buena conversación después de hacerlo, el sexo es más grandioso y satisfactorio; si, por el contrario, quieres salir corriendo del lado de ella o que ella se largue lo antes posible de tu cama, el vacío será mayor que el disfrute", solía repetirme).

Días después leí que no hay nada que no sea de utilidad para el tantra. "La dicotomía que existe entre el deseo y la realización, entre la búsqueda (o el encuentro) sensual y la ascesis, crea una energía que debemos aprender a utilizar para llegar a una nueva dimensión", decía el párrafo que grabé en mi corteza cerebral, no sin antes preguntarme ¿cómo sería esa nueva dimensión?

Entonces comprendí que el sexo no era sólo placer, ni dolor, ni tensión; descubrí que cuando se hace el amor con una mujer y entre ambos hay plena conciencia de lo divino, el tiempo se dilata, el placer viaja por el universo y llega al núcleo de los placeres de la conciencia colectiva, donde los cuerpos son dueños del espacio; la entrega y la apertura mental es total, el mundo exterior se detiene, la química del cuerpo cambia, el espíritu se expande y los pulsos del cerebro parecen explotar.

Sabía que allí, como en ese instante que viví con Nydia, los poros de la piel exudan un olor diferente, el sudor parece perfume y el sexo se convierte en algo divino.

Muchas veces había vivido estas experiencias, gracias a Dios, pero nunca lo había internalizado. Entonces, solía preguntarme por qué lo había perdido y cómo volver a encontrarlo entre las exigencias de este mundo material. Mi vida estaba llena de ilusiones y demandas que mi yo mental había creado para poder vivir en un estado de aparente 'seguridad', pero mi mundo interior seguía insatisfecho.

Al día siguiente, mientras meditaba y discurría cómo domar al yo mental que pretendía gobernar mi vida, me interrumpió el teléfono. Era la amiga de las vodkas. Sonaba seria. Con voz grave que intentaba ser dulce, me dijo que había pensado en la conversación de la noche anterior y que había llegado a la conclusión de que yo debía seguir solo en la búsqueda de mi mujer tántrica, por lo que no volveríamos a vernos ("entiéndase: a no tener sexo, of course, ya que ellas nos manipulan así", pensé). Intenté un par de defensas inútiles, pero ella colgó el teléfono. Pensé que acababa de perder a una excelente compañera y en mi ignorancia machista sólo pensaba que ella había perdido a un buen amante.

- Cosa extraña con las mujeres –recapacité en voz alta-, se pasan la vida pidiendo honestidad, pero cuando la encuentran, salen corriendo.

- En realidad -me dije a mí mismo- el juego es ese y a ellas parece que les gusta jugarlo: medias verdades, un 'te quiero' vacío a veces y seguimos allí, extendiendo el juego otro día más. Cuando descubren nuestros deseos ocultos y ven que ellas no figuran como la protagonista principal de la obra, son capaces de incendiar el teatro, razoné antes de cerrar los ojos, apagar mi mente e intentar volver a la meditación.

Claro que no podía meditar; mi ego herido me anticipaba varios problemas por venir. ¿Sentía algo por ella? ¿Debería insistir y extender el juego amoroso con nuevas mentiras? ¿Sería dolorosa esta nueva soledad? ¿Cómo resolvería mi urgencia sexual? ¿Habría que contactar a viejas amantes o buscar una nueva? ¿Qué eran estos sentimientos que me revoleteaban en sus vísceras: rechazo; miedo; coraje?

Es imposible meditar mientras la mente te pone películas de terror en tu pantalla del tercer ojo. Busqué entonces recursos de mis clases de meditación y recordé que mientras le mente se enfoca en una idea y el inconsciente tira decenas de imágenes por segundo, entonces el observador da un paso atrás y aquieta las aguas.

Allí, él es el que observa, él es el que medita... y así encontré el vacío, como el alfarero que modela el hueco en el barro.

Me encontré sólo, frente a mí mismo y en el camino sin sentido, donde el sexo era puro placer físico, una mera competencia, una única recompensa.

Allí vi que la vida podía ser algo más que correr detrás del sexo, algo más que convertirnos en una máquina expendedora de semen. Allí, en ese vacío interior, me sentí más vacío que nunca. Allí comencé mi iluminación y mi camino al Tantra.

Comentarios del autor al lector:

1) Tantra es una voz sánscrita que contiene un conjunto de textos hindúes y budistas de carácter religioso, ritual y esotérico.

Es una filosofía que se originó hace unos seis mil años y enseña a vivir unidos en amor genuino a todo lo que existe, pues reconoce lo sagrado en toda manifestación y nos enseña a verlo como tal.

El Tantra es uno de los caminos más completos del desarrollo humano pues une en su visión al cielo y la tierra, la materia y el espíritu, el amor y la sexualidad, y rompe el esquema dualista que la humanidad ha sostenido por miles de años.

Parte de esta práctica se lleva a cabo mediante la adoración de la energía de Shakti (energía femenina), ya que se trabaja en la fusión de los principios masculino y femenino, el yin-yang de nuestro interior.

Considerando el universo como la manifestación de la danza de esos dos principios, el Tantra integra la aceptación completa y la veneración de esos dos principios Cielo y Tierra, Padre y Madre. El tántrico venera la Tierra y toda la manifestación femenina del universo, expresión de la energía Madre, de la misma forma que venera el Cielo, expresión del poder de la conciencia y de la energía Padre.

Según el Tantra, para avanzar en este camino y cumplir nuestros objetivos de vida, debemos atender la ampliación de los sentidos; el desarrollo del placer (que no implica la renuncia al mismo); la potencialidad del cuerpo (hasta alcanzar una sexualidad sacralizada); la ampliación de la conciencia y la expansión de la espiritualidad a partir de una completa apertura del corazón.

En un reciente email que recibí de mis iluminados amigos de Ascensión Nueva Tierra, se invitaba a un curso de Tantra donde se afrontaría el tema fundamental de la sanación de la sexualidad humana y las relaciones de pareja. Algo necesario de desmitificar, de aclarar, de limpiar y de aprender, cómo el Tantra enseña a llevar hacia lo sagrado como parte indivisible de la energía del Ser, el Espíritu encarnado.

Se explicaba, además, que el Tantra es el camino del despertar a nuestra verdadera naturaleza y a nuestro verdadero poder creador en la materia. El poder del Ser, del Espíritu que realmente somos, más allá de la apariencia de nuestra personalidad-cuerpo. Ese Ser Espiritual encarnado en la experiencia de la materia, es el que el Tantra despierta a través de la completa aceptación del mundo y de todos sus diferentes planos. A diferencia de la mayoría de las tradiciones, el Tantra, padre del Yoga, acepta plenamente lo que somos. Aunque en apariencia, venera al cuerpo al considerarle nuestro templo sagrado en este plano. El Tantra no rechaza la sexualidad, sino que la comprende como esa fuerza primaria y alquímica que se encuentra en el corazón mismo de la materia. A través de su comprensión y de su sacralización, el Tantra utiliza la poderosa fuerza de la energía sexual para despertar nuestros centros energéticos, para sanar nuestra psique humana y para activar nuestro poder espiritual.

Por lo tanto, sólo aquellos que estén dispuestos a buscar amor más allá del sexo podrán encontrar el camino del tantra.

2) En un taller que tomé hace algunos años, me explicaron que el tantra significaba tejer, que es el material del que está hecha la vida, el tapiz único de nuestras vidas, ese que hemos ido tejiendo a lo largo de los años.

Existen dos grandes escuelas: el Tantra hinduista y el Tantra budista. Esta último nos ha llegado a través de la cultura tibetana.

Hay muchos libros que enseñan técnicas tántricas y también hay mucha información en Internet.

Lee, busca y aprende, pero siempre con el filtro de tu corazón. Lo que funciona en la primera etapa en algunas parejas es meditar juntos, intercambiar la respiración entre ambos para crear un "circuito" de armonía vital y mantener los ojos abiertos para estar siempre presentes, en el "aquí y ahora".

3) A los amantes que se inician en el tantra se les aconseja dejar de lado todas las experiencias previas y entrar al juego con la inocencia renovada... sólo así funciona. Busca algún libro que contenga ejercicios tántricos para parejas y lánzate a la aventura.

He aquí un par de sitios donde empezar:

www.elartedeltantra.com

http://www.bomberotantrico.com

4) En algunos hombres la necesidad de seducción y conquista puede transformarse en una obsesión si no se pueden desconectar a tiempo de la búsqueda de placer carnal y no se es capaz de reprimir el impulso sexual.

Cuando se desató el escándalo de Bill Clinton con Mónica Lewinski, no pude menos que reír ante las críticas al entonces presidente de Estados Unidos, pues muchas de ellas apuntaban huecamente a la exigencia masculina de galantear y seducir a una mujer, con lo cual la crítica republicana, conservadora y la derecha religiosa metían a todos los hombres en la misma bolsa, sin mirarse en un espejo.

¿Quién está capacitado para decir cuánto sexo es suficiente para un ser humano? Ser "normal" es una medida que pocos pueden establecer con claridad.

Cuando la dependencia del sexo es preponderante y supera cualquier otra actividad diaria, es decir interfiere en el trabajo, en las relaciones de familia, rompe amistades (por mentiras y doble vida) y, además, causa desasosiego, intranquilidad, zozobra, angustia, culpa y congoja, puede ser que ya sea una adicción al sexo y haya que buscar ayuda.

Por eso es importante una buena educación temprana, que vaya más allá de las represiones que algunas religiones y sectores cívicos pretender imponer a través de la censura y la mordaza.

Un mensaje importante es instruir a los más jóvenes que el sexo es algo provechoso y beneficioso, pero que puede transformarse en algo perjudicial y contraproducente cuando lo usamos de manera equivocada.

La intención de este ensayo es mostrar cómo, a través del Tantra por ejemplo, lo sexual puede convertirse en parte de la búsqueda espiritual. Pero a cada uno le corresponde encontrar su camino hacia la ascensión espiritual.

Muchos de los hombres que viven desenfrenados por el sexo andan buscando su realización interna. Esa mujer que yo buscaba no es realmente una mujer externa, si no la amante interna, mi lado femenino; es la búsqueda de mi propia conciencia y la superación de mi propio trauma infantil.

Una vez que enfrentamos los fantasmas de nuestro ego y resolvemos nuestros conflictos, estamos entonces en condiciones de hallarnos a nosotros mismos, luego entonces podremos proyectar esa imagen en cualquier pareja.

5) Ahora te propongo una serie de ejercicios.

Ejercicio A:

- Pregúntate: ¿Cómo me siento ahora mismo?

¿Qué pienso y qué siento en este instante?

- Respóndete con las primeras palabras que vengan a tu mente, sin censurar nada.

- Cada vez que respondas, agradécete por compartir tus propios pensamientos contigo mismo.

(Una orejita: evita caer en la trampa del ego que te habla del pasado o te proyecta al futuro; escribe desde tu hoy, tu "ahora")

Ejercicio B:

Repite con amor compasivo:

"Acepto mi tristeza. Acepto mi dolor, mi sufrimiento.

Y mi pena, la convierto en plena.

Bendita sea mi tristeza, porque gracias a ella es que crezco en comprensión".

(Ahora busca lo opuesto a lo que te causa tristeza y guarda esa imagen de felicidad en tu mente).

Ejercicio C:

Repite de manera creativa:

"Afirmo mi unidad sagrada con todo"

Enumera qué es ese todo para ti.

Respóndete ¿Qué es todo para mí?

Escríbelo. Léelo y sintonízate con el todo

Ejercicio D:

Describe tu relación actual contigo mismo.

Luego piensa cómo te gustaría que fuera.

Ahora internaliza qué vas a hacer para llegar hasta allí.

Ejercicio E:

Desde tu corazón crea una lista de tus relaciones íntimas en el presente.

Visualiza la vertiente tántrica que las unifica.

Afirma siempre el poder de manifestación: "Merezco sentir el Amor Divino en todo momento de mi vida".

Ejercicio final:

A la luz de la consciencia tántrica, inspírate y crea una nueva estrofa para aquella melodía popular que dice:

"Amor es el pan de la vida...

Amor es la cosa divina"...

Amor es:_____

_____

_____

_____

_____

_____

_____.

Desde mi Alma

Capítulo Doce

Gracias por llegar hasta aquí en este viaje conmigo.

Mientras reescribía estos cuentos fui descubriendo lo mal que había utilizado mi energía sexual a través de toda mi vida y me puse a buscar respuestas. La intención de compartirlas con otros vino más tarde.

En esa búsqueda vi como herí a los demás por correr detrás de un deseo carnal y como desperdicié tiempo y esfuerzo en muchas etapas de mi vida. Descubrí que nuestro ego y sus mecanismos de defensa crean "personalidades" destinadas a manipular a otros para acceder al intercambio de energía sexual, pero nuestra mente pocas veces se ocupa de lograr relaciones más saludables y honestas.

Cuando logramos identificar cuál es el arma escondida que usamos para enganchar a otros con nuestra energía sexual y trabajamos sobre ello, podemos recién entonces decretar que nuestro cuerpo será usado para uso exclusivo de relaciones de verdad, basadas en el corazón y no en el capricho o en la manipulación sexual.

De lo contrario seguimos deambulando entre el deseo desenfrenado y la urgencia que nos induce a vampirizar la energía sexual de otros para satisfacer las demandas carnales y los deseos de nuestra mente.

Ese es tu ego en acción. Esa parte de nuestra mente que no para de exigir pruebas y éxitos para reafirmarse y mantenernos prisioneros de nuestra propia dualidad, es por eso que nos envenena diciéndonos al oído que ya no te gusta o te satisface lo que tienes al lado y necesitas algo "nuevo".

Cuando lo obtienes, tu mente comienza a ver defectos en el otro y te juzga o te condena y así nos envuelve en un espiral que parece no tener fin.

Pero lo tiene. No hay receta mágica para alcanzar la divinidad interior, pero el proceso comienza cuando nos volvemos concientes de ella, de nuestra conciencia cósmica, del gozo que experimenta nuestro corazón cuando descubre que allí vive su alma.

Somos una entidad espiritual que está viviendo una experiencia física, por lo que las manifestaciones espirituales comienzan a ser parte conciente de nuestra creación y de nuestra realidad. El momento presente se hace más fuerte al descubrir que pasado y futuro son ilusiones y que somos alfareros de nuestro propio destino.

No es fácil trabajar con tu propia mente para curar viejos recuerdos, pero la meditación produce sanadores viajes a tu propio mundo interior que maravillan aún a muchos médicos de esta decadente sociedad industrial que todo lo cura con una "pastilla".

Al meditar tú puedes conectar con tu Ser Superior y desde tu conciencia unificada (cuerpo, mente, alma) acceder a la Conciencia Crística, a la Conciencia Universal, a la Fuente Divina, donde todo es amor, salud perfecta y abundancia que puedes y debes reclamar para ti.

En el trayecto puede que necesites algún refuerzo y para ello hay muchas técnicas y Maestros Ascendidos que están siempre dispuestos a echarte una mano para mostrarte el camino espiritual.

Sumérgete sin miedo en ti mismo. Bucea hasta tu mundo interior.

Si no sabes por dónde empezar, te sugiero que busques la Meditación Ho´ponopono (hay varias versiones en YouTube). Esta es una excelente técnica hawaiana para purificar tu interior a través del regalo del perdón, las gracias y el amor.

Luego puedes seguir con las enseñanzas del maestro Saint Germain, que te ayuda a trasnmutar la energía del dolor a través de la llama violeta. Puedes leer, además, las enseñanzas de la maestra Kuan Yin o del maestro tibetano Djwhal Khul. (Puedes hallar más información al respecto en: http://hermandadblanca.org)

Todos ellos te guiarán hasta que puedas escuchar la dulce voz de tu alma y tengas la habilidad para perdonar y perdonarte, para poder elegir el verdadero amor y abrazarte a él con libertad y entrega.

En el camino irás descubriendo cómo todos estamos conectados y somos una sola tribu. Redescubre tu conexión con la Madre Tierra y a través de ella desarrollas tu lado femenino, a través de las nuevas energías que se están moviendo en cada uno de nosotros.

Tú eres el conductor de tu propio viaje interior y para llegar cuanto antes a tu destino debes entender la grandeza de tu sexualidad y cómo manejarla de ahora en adelante.

Te sugiero que, de aquí en adelante, cuando conozcas a alguien te preguntes de qué se trata esa relación y cómo la puedes experimentar. Entra en armonía a esa relación, sin miedos ni ansiedades, sin manipulación ni expectativas. Una vez iniciada la relación sé tu palabra, honra tu compromiso y mantén tu enfoque. Esa pareja no es de tu propiedad y solo a través de la verdad en tu corazón podrás experimentar paz y confianza, lo que desarrolla luego la alegría y el amor entre ambos.

Pregúntate con total transparencia qué es lo que ve y siente tu alma ante esa persona que crees amar. Conecta con tu Ser Superior para que te ayude a alinear tus elecciones y decisiones con tu alma, ya que sólo a través de esa Luz Interior podrás expresar tu divinidad a través del amor.

En ese viaje, cuando descubres cómo pensar desde tu corazón (y no desde tu mente) radica el poder para crear una nueva realidad, en la que habrá siempre primero amor y luego sexo.

Es mi deseo que esa semilla germine en tu interior, por lo que a través de estas palabras junto las manos sobre mi corazón, reclino mi cabeza y con todo mi amor te dejo con un "Namasté", que significa lo divino en mi honra y saluda lo divino en ti.

Claudio Alvarez-Dunn

Biografía del autor

Claudio Alvarez Dunn es un periodista argentino radicado hace más de 30 años en Puerto Rico. Su infancia transcurrió en el barrio de Pichincha en la ciudad de Rosario, donde siendo niño lo mandaron al arco y por el resto de su vida jugó siempre de "portero". Sus primeros pasos futbolísticos los dio en el equipo infantil de la Cervecería Schlau y luego defendió los colores del Club Unión y Gloria.

En el Colegio de La Salle se inició en la séptima categoría del rugby y de allí pasó a la sexta división de Gimnasia y Esgrima de Rosario, donde su madre jugaba al hockey sobre césped. Jugó luego en la quinta de Sagrado Corazón y terminó en la cuarta división del club Los Caranchos, que estaba amenazado de perder la división si no presentaba categorías menores.

El fútbol siguió siendo su pasión y en los campeonatos internos del country del Jockey Club hizo una meteórica aparición con varios equipos campeones, entre ellos "Cangaceiros", "Síncope" y "Las Estrellas", entre otros.

Terminó su formación escolar en el Colegio Nacional No. 1 "Domingo Faustino Sarmiento", donde participó de una sonada toma del colegio en 1973. Al año siguiente ingresó en la Facultad de Filosofía y Letras de la Universidad Nacional de Rosario, donde estudió Psicología hasta que los militares cerraron la institución un par de años más tarde bajo el argumento que la casa de estudios era un reducto de "freudianos, marxistas y maricones"...

En 1974 fue elegido delegado estudiantil por una amplia mayoría luego de una agitada asamblea en la que su posición independiente contó con más votos que las asociaciones políticas que intentaban imponer su ideología en aquella facultad. Esto lo convirtió en un blanco permanente, ya que los grupos de izquierda intentaban enrolarlo y los de derecha comenzaban a perseguirlo.

Al año siguiente logró escapar con vida tras dos intentos de detención por parte de las fuerzas paramilitares. En marzo de 1976 las fuerzas armadas de Argentina comenzaron un siniestro proceso de "Reorganización Nacional", caracterizado por la anulación de las garantías constitucionales y una represión que dejó un saldo estimado en 30.000 personas muertas a manos del nuevo régimen.

En ese cuadro, Claudio Alvarez Dunn debió presentarse al servicio militar obligatorio. Luego de ser identificado como delegado estudiantil y tras un "interrogatorio" de cinco largas horas, fue enviado a combatir la guerrilla marxista que operaba de la provincia argentina de Tucumán. El autodenominado "Operativo Independencia" era un fiasco pero servía a los militares para triplicar sus sueldos y antigüedad. De allí salió con un diploma de honor tras una herida leve en su mano y esto lo utilizó luego como un salvoconducto para sus primeros pasos como periodista.

Esos años donde la gente pensante de Argentina "desaparecía" lo marcaron para siempre, pues muchos de sus amigos y compañeros de estudio resultaron muertos, presos y torturados en cárceles clandestinas o partieron rumbo al exilio.

En 1977 ingresó al diario La Capital como corrector de pruebas, de las llamadas galeras, pues los diarios de entonces todavía se hacían en cajas de plomo que escupían las linotipos. Tomando dictados de corresponsales comenzó a escribir, al tiempo que sus jefes y compañeros le enseñaron a diagramar y titular.

Con las llegadas de las primeras fotocomponedoras, su profesión dio un cambio radical ya que muchos de sus viejos colegas le pedían que transcribieran sus notas en ese teclado electrónico y aquella pantalla verde que los paralizaba. Así aprendió el oficio, así encontró la fuerza de la palabra y una voz para la justicia que ardía en sus entrañas.

Comenzó haciendo reportajes y abriendo un surco donde no había huecos. Día a día, gota a gota, con entrelíneas que denunciaban sin decir, halló una ventana de oxígeno ante tanto dolor y tanto silencio.

Hizo hablar a otros, pero él y la empresa pagaron el precio. Detenciones, amenazas, cancelación de pautas gubernamentales en anuncios oficiales, cero entrega de papel prensa para imprimir y otras gentilezas del régimen lo hacían dormir con una puerta y un ojo siempre abiertos.

En 1980, luego de varios infructuosos intentos por publicar serias denuncias sobre el creciente número de desaparecidos y el silencio cómplice de la mayoría de la sociedad argentina, decidió emigrar como corresponsal a Estados Unidos. Su periplo incluía notas en Miami sobre los cubanos recién llegados por el éxodo del Mariel, una presentación en Puerto Rico del primer marcapasos en miniatura que se introducía en el cuerpo humano y la cobertura de Ronald Regan como candidato presidencial republicano.

A la semana de estar en Puerto Rico, uno de sus jefes lo alertó por teléfono "No vuelvas, te esperan en el aeropuerto y no podemos garantizar tu seguridad". Así se quedó anclado en la Isla de Encanto, "de frente al mar y de espaldas a la realidad".

Comenzó a buscar trabajo y aprendió los secretos como "bartender" (barman) y así logró salir adelante. Con su primera esposa viajó a Miami en busca de fortuna, pero la ciudad florida vivía en aquellos días su cénit cocainómano, por lo que en menos de un año regresó a Puerto Rico.

En 1983 trabajó como agente de reservaciones de la línea aérea Prinair y como freelance de varias revistas. Ese año comenzó a producir su propio programa de radio. Al año siguiente la Agencia de Noticias Española EFE, lo contrata como editor deportivo y pasa otra vez de lleno al redil noticioso.

Por aquella época EFE intentaba comprar a la agencia UPI (United Press International) y para ello convocó a un grupo de periodistas latinoamericanos para crear una gran central americana en Washington. Claudio estuvo entre ellos. En 1985 se mudó un verano a una universidad de Boston para perfeccionar su inglés y tomar un curso de periodismo electrónico (Northeastern University), antes de seguir viaje a Madrid.

Las negociaciones de compra a UPI se hicieron sal y agua cuando el presidente español Felipe González decidió adelantar las elecciones generales en 1986 y hubo un desbande en el gabinete. Claudio Alvarez Dunn se enroló entonces en el Instituto Oficial de Radio y Televisión Española (IORTVE) en Madrid, al tiempo que colaboró con varias revistas, entre ellas Cambio16, cuya relación mantuvo luego como corresponsal de la versión de Cambio16-América.

En 1987 regresó a Puerto Rico y a los pocos meses fue reclutado como redactor de Suplementos de El Nuevo Día. En el gran periódico pasó por la Mesa de Redacción, fue editor de cierre de la sección de Negocios y supervisor de la sección Internacional. Simultáneamente fue director del capítulo de Puerto Rico de la National Association of Hispanic Journalists (NAHJ).

Su pasión por el fútbol lo acompañó en Puerto Rico, donde jugó con el "Centro Gallego", el "Deportivo Argentino" y colaboró en la creación de la Liga Master de Ocean Park, donde defendió la valla del club "Unión".

En 1997 pasó a formar parte del grupo fundador de Primera Hora, donde fungió como Jefe de Redacción hasta que en 2008, bajo una llamada "reestructuración", un director recién llegado despidió o transfirió a todos los supervisores que fueron parteros de lo que alguna vez fue ese gran éxito editorial.

Claudio Alvarez Dunn, pionero en todo, fue el primero en ser despedido. La crisis económica que llegó meses después desbarató sus planes de crear otro medio escrito, pues sus nuevos socios desaparecieron como el valor de las acciones que representaban.

Luego de la negación, la ira y el dolor, llega la aceptación.
A Claudio le llegó en forma de mensajes del cielo. Volvió a estudiar y se certificó como maestro de yoga al tiempo que comenzó a colaborar como editor del site http://hermandadblanca.org

De esta manera su viejo libro encontró su intención y nació otro libro, con sentido, con urgencia, con un mensaje sobre el ángel que todos somos y de cómo perdonar y aceptarnos para renacer como nuevas personas.

Índice

Capítulo	Página
Introducción	5
1) Debut por un puñado de pesos	9
2) Expedición de pesca	33
3) Un mirón en el alero	55
4) Morbosa curiosidad	69
5) Sierva del placer	89
6) Endoso "on the rocks"	107
7) Café irlandés y sexo casual	129
8) Vía crucis	147
9) Quincallero en acción	165
10) Libélula triste	185
11) Tantra	201
12) Desde mi alma	217